做不遗憾的父母

陈文凤 徐慧芳 李 哲 著

中国轻工业出版社

图书在版编目（CIP）数据

做不遗憾的父母/陈文凤，徐慧芳，李哲著．—北京：中国轻工业出版社，2022.9
ISBN 978-7-5184-4003-0

Ⅰ.①做… Ⅱ.①陈…②徐…③李… Ⅲ.①家庭教育 Ⅳ.①G78

中国版本图书馆CIP数据核字（2022）第089380号

责任编辑：付 佳 瀚 文　　责任终审：高惠京　　整体设计：锋尚设计
策划编辑：巴丽华 付 佳　　责任校对：朱燕春　　责任监印：张京华

出版发行：中国轻工业出版社（北京东长安街6号，邮编：100740）

印　　刷：艺堂印刷（天津）有限公司

经　　销：各地新华书店

版　　次：2022年9月第1版第1次印刷

开　　本：710×1000　1/16　印张：13.5

字　　数：220千字

书　　号：ISBN 978-7-5184-4003-0　定价：39.90元

邮购电话：010-65241695

发行电话：010-85119835　传真：85113293

网　　址：http://www.chlip.com.cn

Email：club@chlip.com.cn

如发现图书残缺请与我社邮购联系调换

211630Y1X101ZBW

前言

爱孩子，是父母的本能。当孩子降临到世界上，陪伴他们成长的过程中，除了有满心的欢喜和自豪之外，也常常会被养育过程当中的各种问题困扰着，比如：

孩子常常不好好吃饭，每次吃饭都让人无比焦虑……

孩子总是黏着大人，到底是安全感不足还是有什么问题？

每次遇到困难，孩子总是退缩、不自信，这可如何是好？

孩子动不动就爱发脾气，很难哄，父母该如何引导？

……

别着急，本书作者既经历过相似的养育过程，也陪伴许多父母和家庭走出种种养育的困境。作为从事心理学研究的妈妈，作者在养育孩子的过程中积极地实践心理学的科学养育方法。同时，她们多年深耕儿童教育领域，支持上千位父母智慧教养孩子。

作者之一的陈文凤，其研究方向是亲子依恋。她想跟各位爸爸妈妈分享的是以下内容。

我很庆幸选择了依恋这个研究方向，生孩子之前我有足够的信心可以给我的孩子充分的安全感，让他拥有一生幸福的人生底色和心理盾牌，让他在我的专业呵护下拥有满满的爱和被爱的能力。但是从孩子出生开始，我的那份信心就开始一点点被击破，月子里由于儿子的肠胀气（当时并不知道），一晚上1小时醒一回的节奏把我的脾气磨到了极限。

终于熬过了月子，接下来儿子上蹿下跳、调皮好动的性格从来没有让我这个"心理学妈妈"轻松过，各种问题开始考验我的心理学专业水平，不好好吃饭、打人、任性，一个个让人应接不暇的问题完全不是我现有的亲子依恋知识可以解决的，于是我又学习了正面管教课程，并成为了一名正面管教的讲师，为青春期父母开设多期心理沙龙。在与父母一起交流学习的过程中，我对处理孩子的各种问题又重新恢复了信心。

　　好景不长，一些方法用了一段时间后，新的问题接踵而来。不知从什么时候突然爱说狠话，还有一些擦鼻子等频繁的小动作，为了更好地解决问题，我又系统学习了儿童游戏治疗、绘画治疗等课程。

　　我想孩子让我着急上火的问题一定还没有终结，都说养育是一场长久的修行，在孩子的成长过程中总会有各种各样的问题，而解决这些问题也是父母自我成长的过程。当孩子出现问题时，先不要着急纠正孩子，而是反思自己与孩子之间的互动是否充分，反思我们的教育方式是否足够坚定而温和，是否给了孩子足够的联结，当孩子感觉缺失联结或者没有力量时，往往会出现各种问题。同时作为父母，也不要过分自责和内疚，我们都不可能做到百分百，因为每个人身上都烙刻着原生家庭的印记，而育儿是我们一生的功课。

　　与青春期孩子相处的十几年里，为人父母的不容易更让我深有体会。而纵观青春期孩子出现的抑郁、自伤、自杀倾向等严重问题，多次把我置身于深深的无奈和无助当中。青春期孩子的问题基本都源于童年问题的累积，而孩子的童年已然不能重新来过,所以对于他们的改变,似乎父母花费多少精力都收效甚微,无奈的父母只好把希望更多地寄托在孩子的自我成长上。无论是中国古话"三岁看大,七岁看老",还是精神分析名言"幸福的人用童年疗愈一生,不幸的人用一生疗愈童年",还有许多现代心理学的研究成果都表明,人的幼年时期对于以后发展具有决定性的作用。如果在孩子的幼年时期,父母能够懂点心理学,知道一些引导孩子行为的心理学方法,对于孩子的养育和孩子一生的发展都具有重要的积极影响。

那么,怎样才能在孩子幼年时期引导他,为他一生打下良好的基础呢?

幼年时期的安全感、习惯养成与情绪管理,对孩子一生影响最大。安全感是一种信任、稳定、可靠的感觉,源于早期稳定安全的依恋关系。情绪稳定、回应及时的父母容易与孩子形成安全的依恋关系,这是孩子一生成长的基石,也是孩子行走一生的力量源泉。儿时与父母的依恋模式会影响孩子成长过程中与他人亲密关系的建立,甚至会带到成年的亲密关系中,也会代际传递到下一代。在成人咨询中,我见到了太多因为童年缺乏安全感而导致的纠结矛盾的亲密关系。在和青春期孩子相处的工作中,那些过早进入恋爱,出现各种行为问题、情绪问题、不会与人相处的孩子大多跟童年缺乏安全依恋有关。

英国著名哲学家普德曼说:"播种一个行动,你会收获一个习惯;播种一个习惯,你会收获一个个性;播种一个个性,你会收获一个命运。"好的习惯影响一个人的命运。身边那些学习突出、品行优良的孩子无疑拥有时间意识、自控能力、专注、坚持、阅读的好习惯。这些习惯的培养并不是需要的时候可以立等可取，而是长期点滴积累的过程。

情绪管理是人一生的功课，我们这一代是在情绪不被允许表达中长大的，而越来越多的父母开始意识到，情绪需要表达，因为那些被压抑的情绪早晚会爆发或者通过身体症状表达出来。生气、害怕、愤怒、着急是孩子常会表达出来的情绪，如果当他表达的时候可以被父母看到、接纳、许可，孩子就会愿意让更多的负面情绪流露出来，其内在就会形成比较稳定的心理空间，也会有足够的力量去探索这个世界，不被情绪所绑架。在中学，越来越多的孩子被诊断出抑郁、焦虑，溯本追源，皆源自儿时不被接纳、不能表达的情绪累积。那些到了成年依旧暴躁如雷、动辄发火的人，该是承载了多少年不断积压的愤怒情绪啊！

为了让孩子在以后的人生不断积累成长的力量，也为了让孩子拥有一个可以回忆一生的美好童年，特编写这本亲子养育图书，把我们多年所学分享给更多的父母。

本书的第二位作者徐慧芳，是脑科学博士，多年来一直致力于儿童脑科学研究，从事幼儿园教师的培训工作多年，在幼儿教育方面有自己独特的见解。她想告诉父母们的是以下内容。

由于从事幼儿教师的培训，常常会遇到老师们提出的各种关于孩子的问题，比如孩子哭闹、不配合、捣蛋，面对这些问题老师们也束手无策。通常这个时候，我就会和老师们谈谈心理学的知识，比如埃里克森的人格发展阶段论，老师们就会了解到，此时孩子的很多捣蛋行为，只是想要独立自主的表现，从而对孩子多一分理解，开始具有儿童视角。有时候，我也会从心理学角度给老师们支几招，比如共情、正强化，老师们也非常受益。幼儿教师需要这些心理学的理论和技术，那么父母天天和自己的孩子在一起，在教育过程中也同样需要这些科学心理学的支持。这让我萌生了为教育孩子的父母和老师写本书的想法，用科学心理学知识和技术，让父母和老师在教育的过程中更懂孩子，更懂如何教孩子，在尊重孩子的基础上恰当引导，给孩子一个美好的童年，同时收获一段亲密牢固的关系。

本书的另一位作者李哲，她是资深的家庭教育指导师和正面管教讲师，开设的入园适应、情绪管理等系列专题课程深受父母的喜爱。她想告诉父母们的是以下内容。

家庭教育，是一切教育的基础。家庭教育的功能，是学校教育和社会教育所替代不了的。家庭对孩子的教育引导就像大树的根干，而学校教育就像大树的枝叶，孩子最终所能取得的成长发展或者外在成就，就像树上结出的果子，只有根深、干粗、枝繁叶茂，才能果实累累。在孩子处于早期教育阶段的时候，父母应学习先进的教育理念和方法。每一次遇到新问题和挑战的时候，我们都是有底气、有信心的，因为我们正在用教育的方法解决教育的问题，而这会让孩子的未来真正可期。

本书的案例主要来自三位作者自己养育孩子的经历和在与父母沙龙的养

育答疑中提问最多的问题，包括安全感、习惯养成、情绪管理和性格、品质培养。第一部分是孩子安全感的建立，这一部分关乎孩子一生爱与被爱的能力；第二部分是习惯养成，好习惯成就孩子一生，而习惯养成的关键期正是幼年时期；第三部分是情绪管理，孩子在幼儿时期懂得调节和管理自己的情绪，会为其情商发展奠定良好的基础，使其将来能更好地融入社会；第四部分是性格和品质的培养，耐挫力、专注力、坚持力等都是孩子走得更稳、更远的必备能力。

本书从操作层面进行章节设置。首先是实际案例，每一个案例后面紧跟着一个对该问题的心理学层面的专业分析，以便帮助读者更好地理解问题、理解孩子，从而采取更加科学的方法进行行为矫正。然后，我们描述了父母面对此类问题的一般应对，并从儿童心理发展的角度剖析，这样的应对会给孩子带来什么感觉、对孩子造成什么影响。接下来是最重要的部分，我们给出了对于这一问题的解决方法，这些方法融入了儿童发展心理学、儿童游戏治疗、绘画治疗、正念、叙事疗法、焦点解决等专业理念和具体方法，不仅仅是理论层面的指导，同时具有较好的操作性。每一个方法都有详细的操作步骤，父母们可以参照着执行。当然每一种问题的起因千差万别，表现各有不同，父母也需要根据自己孩子的情况进行创新性的使用。每一节的最后是绘本推荐，对于处于具体形象思维阶段的孩子，好的绘本故事胜过一千句的大道理，绘本中那些形象生动的人物或动物可以成为孩子模仿的对象，成为孩子好习惯的引领者。

为人父母是一场不能逆转、无法预见的旅行，愿每一位父母都带着对生命的敬畏，带着谦虚好学的心态，开启这场与孩子、与自己"遇见美好"的旅行。

目录

 **温暖的关系,自信的孩子**

1 父母情绪平和,养育更有力量 … ⑳

吼叫的背后多少次是在宣泄愤怒,愤怒的背后又夹杂着多少童年的伤和做不好的挫败与无力,失控之后无须过多自责,只需要反思和调整,接纳自己现在和曾经做不到,相信自己以后可以做得更好。

2 让上班前的分离拉锯战不再上演 … ⑳

偷偷溜走容易增加孩子的不安全感,分离之前的提醒和陪伴可以让孩子放松下来,角色扮演游戏让孩子相信妈妈一定会回来。

3 孩子太过黏人是否有问题 … ㉞

孩子黏人会让父母一边享受被需要的感觉,一边感到没有空间的不自在。"黏人游戏"快速解决黏人问题,平日的轻推可以慢慢让孩子享受多人的陪伴。

4 做好心理建设,入园不焦虑 … ㊸

入园焦虑很普遍,父母需要提早帮孩子做好准备。为孩子做好充足的心理建设,方能支持孩子顺利度过入园适应期。

5 轻松送园，缓解分离焦虑，关键在父母 ⋯ ⓪49

恋恋不舍的徘徊会传递给孩子，增加孩子不想分离的焦虑，"再见仪式"和果断离开让孩子轻松走进幼儿园。

6 接园后如何给孩子补充心理能量 ⋯ ⓪56

堆积了一天的负面情绪需要充分释放，亲密游戏可以重建亲子联结，为孩子的"能量之杯"补足能量。

[专题] 爱的序位：夫妻关系要优先 ⋯ ⓪63

第二章 习惯的力量

1 让吃饭成为本能 ⋯ ⓪73

当孩子不好好吃饭时，父母不要忽视孩子的敏感味觉，不要用自己的身体需求替代孩子的身体需求。放下焦虑，通过游戏互动让吃饭成为本能。

2 睡眠也需要仪式感 ⋯ ⓪79

尊重不同孩子的睡眠需求，通过一系列小仪式帮助孩子建立睡眠惯例，让规律睡眠成为习惯。

3 家务活到底有多重要 ⋯ 087

懒妈妈养育勤快孩子，家务活是培养孩子各种能力的好方式。设置"家务官"和制作"每日家务拼图"让家务活变得更有趣。

4 催促和着急反而会让磨蹭驻扎 ⋯ 094

放下让孩子令行禁止的期待，把主动权还给孩子，表达对孩子正在做的事情的兴趣，孩子可能更能达到你的期待。图画清单法让孩子迅速行动起来。

5 电子产品成瘾的孩子，原来缺了这些 ⋯ 100

电子产品不应成为代替父母陪伴的工具，过度使用会影响孩子的大脑发育、注意力、语言发展和创造力，三步帮孩子愉快遵守屏幕使用时间。

6 阅读是让孩子变聪明的最好方式 ⋯ 106

阅读是送给孩子最好的礼物，"三千万词汇鸿沟"绝不是耸人听闻。用讲故事作为孩子阅读的奖励是让孩子爱上阅读的最好方式，亲子阅读时光也将成为孩子一生的温暖回忆。

【专题】 有边界，孩子才能感到自由 ⋯ 113

第三章 每种情绪都是培养情商的机会

1 公共场合,温和而坚定地让兴奋降下来 … 121

肯定孩子的情绪,参与其中引导孩子的行为,"安静炸弹"密码帮你管控孩子的失控行为。

2 动辄发脾气的孩子更需要被看到 … 126

爱发脾气的孩子有太多的需求没有被看到,愤怒测量计、手偶游戏让孩子自在宣泄愤怒情绪。

3 抢夺爱只因为渴望爱 … 134

忌妒的背后是孩子的受伤和失落,是对爱的渴求。仅仅有爱还不够,推动孩子建立同盟,才会出现兄弟姐妹之间和谐相处的局面。

4 吃手有时是焦虑的表现 … 139

吃手是自我安慰还是感觉敏感,或是焦虑表现,需要父母准确解读。越强调越会重复,适当的忽视,小动作自然消失。表达性艺术治疗帮助孩子释放隐藏的焦虑。

5 害怕的孩子并不胆小 … 144

害怕是一种对自我的保护,害怕只有被充分看到、被表达并一起面对,才能长成发自内心的勇气。

[专题] 掌控游戏化解孩子的着急 … 148

第四章 让孩子的好性格、好品质成为成长的助推器

1 正面解读孩子的爱操纵 … 155

越无力越想要控制，越控制越感到安全。在角色置换游戏中让孩子尽情控制，在现实中适当的拒绝让孩子不会养成霸道的性格。

2 让怕输好胜的孩子更耐挫 … 159

孩子终其一生都在寻找归属感和价值感，想赢是在感受自己的能力和价值，适度让孩子占上风，让其充分体验成就感，可以激发孩子越挫越勇的内在力量。

3 任性的孩子，要"玩起来" … 164

不要让哭闹成为孩子满足需求的武器，不同年龄要采取不同的方法，想象满足法让孩子在玩中放下执拗。

4 接纳孩子暂时的退缩和慢热 … 170

每个孩子都是独一无二的，鼓励孩子的点滴探索，肯定孩子的每一个小进步，尊重慢热孩子的成长节奏。

5 攻击是一种成长的驱动力，但需要管理 … ⑰⑤

角色扮演帮孩子理解他人的感受、想法和动机，简单小游戏帮助孩子训练自控力，通过攻击游戏释放内心的焦虑和愤怒。

6 让孩子有不说谎的勇气 … ⑱③

无意的谎言与认知能力有关，有意的说谎是为了趋利避害，在一个被允许的环境中，孩子才会逐渐积累不说谎的勇气。

7 无处不在的专注力培养 … ⑲⓪

专注力是通向轻松学习的窗口，注意力训练游戏让孩子在未来的学习中更轻松。

8 从三分钟热度到愿意坚持 … ⑲⑦

当感觉到"我可以掌控周围的环境和当下事情"时，孩子才愿意坚持下去，父母要鼓励孩子做到的每一步，借助愿景和成功经验激励孩子坚持下去。

9 拥有更多自主权的孩子更自信 … ②⓪②

自信，不是来自周围人虚无的赞美，而是发现自己真的可以做到。父母需要及时鼓励，小步轻推，不断给孩子创造成功的体验。

［专题］ 用你的等待打动不听话的"熊孩子" … ②⓪⑧

参考文献 … ②①⑤

第一章

温暖的关系，
自信的孩子

父母情绪平和，养育更有力量

让上班前的分离拉锯战不再上演

孩子太过黏人是否有问题

做好心理建设，入园不焦虑

轻松送园，缓解分离焦虑，关键在父母

接园后如何给孩子补充心理能量

在亲密关系中，如果用心觉察，我们会发现，有的人很容易与人亲密，并安心地依赖对方，也喜欢被依赖的感觉，不会担心被抛弃；有的人心里渴望与人亲近，对亲密关系全情投入，但很难信任他人，担心过度亲密会受到伤害，担心对方是不是同样地爱着他们，所以表现出想要亲密又不敢与人亲密的矛盾心理；还有的人不喜欢与人太亲密，与他人过度亲密时会不自在，更看重自由，喜欢与人保持距离。越来越多的研究发现，人们之所以在亲密关系中会表现出不同的行为方式和心理状态，和在婴幼儿期与亲密看护人形成的依恋类型有很大关系。上面描述的第一种类型的人是安全型依恋，第二种是焦虑型依恋，第三种是回避型依恋。不同的依恋类型会影响个体情感的表达、对他人的期待、与他人的沟通、对冲突的处理，最终将影响一个人的幸福感。如果孩子在婴幼儿期形成的是安全型依恋，孩子就会认为自己是值得被爱的，他人也是值得被爱、值得信任的，成年后在亲密关系中也会有类似的感觉。如果孩子在婴幼儿期形成的是焦虑型依恋，孩子就会形成矛盾的心理状态，当被积极对待时，感觉自己是有价值的，当被消极对待时，感觉自己是不被爱的，没有价值的；成年后自己有没有价值，值不值得被爱也由亲密关系中的另一方对待自己的态度决定，他人爱自己，自己就会感到前方充满了光，而一旦遭到拒绝或者被否定，整个世界都是黑暗的，于是开始通过各种方式证明自己是有价值的，但是当没有了外界的认可，依旧觉得自己什么都不是。如果孩子在婴幼儿期形成的是回避型依恋，则倾向于认为自己是更有价值的，成年后会避免与他人过度亲密。而那些安全感强的孩子，成年后会有很强的自我认同感，无论自己过得好与不好，别人认可或不认可，都能感受到自己的价值，不会轻易自我怀疑、自我否定。

依恋关系影响一个人对自我和对他人的看法和评价，一个人自己觉得值不值得被爱、有没有价值，他人是不是值得信任。通俗一点讲，依恋关系影响的是一个人的安全感。那些人格状态平稳、性情温和、自信乐观的人，无一例外都是富有安全感的；相反，缺乏安全感的人，对周围的人和事常常充满了戒备，不能正确评估自身的价值，一生的精力都在寻求外在的认同，因而无法获得真正的快乐，也无法投入地发展自身能力。

安全感如此重要，那么一个人的安全感是如何形成的呢？

孩子生活在家庭系统当中，家庭中成员之间的互动、关系模式、家庭氛围、父母的语言行为都会对孩子的成长产生影响，而核心的因素就是关系模式。孩子未来跟任何人的关系都是家庭关系的模本。

当家庭关系良好时，孩子在一个彼此支持、温暖和谐的环境中成长，可以得到充足的情感滋养，也可以学习到关系的建构方式，他能把自己的生命能量聚焦在自我建构上，家庭则可以为孩子提供情感和行动支持。相反，当家庭关系失衡时，家庭里往往充满了冲突，孩子对其中充斥的敌意、愤怒、排斥、冷漠是很敏感的，他可以感受到这些，并受困其中，导致自身出现问题，甚至有些孩子会通过这种方式来挽救家庭。

因此，好的养育，绝不仅仅是父母和孩子之间形成良好的亲子互动，它意味着为孩子创建一个良好的家庭系统。在这个系统里，每个人都要有自己的位置，和他人形成融洽的关系，相互之间依靠、支持。有这样的成长养分，孩子会成为一个精神饱满、身心健康、品格完善的人。

当孩子的成长出现问题时，父母会忧心忡忡，希望快速解决孩子的种种问题。可是，当我们以家庭的视角来看待孩子的成长时，要思考的是，孩子就像一株植物，如果植物不开花、不结果，我们要改善的是植物成长的土壤。家庭就是孩子成长的土壤，良好的家庭关系则是孩子成长最好的养料。

孩子出生后，就与看护人开始了频繁互动。当孩子有需求时，看护人如果能够及时、准确、一致地给予满足，并且经常与孩子有一些亲密的肢体接触，他就容易形成安全型依恋，这类孩子安全感比较强，敢于接近周围的人和事物，愿意与人交往，并建立信任关系，孩子从中会体验到与人交往的快乐，并进一步加强与人交往的意愿；有安全感的孩子更愿意探索周围的环境，当体验到探索的快乐时会进一步激发其好奇心和探索欲，提高他主动思考和学习的能力。而当孩子有需求，看护人表现出不一致的看护行为时，比如心情好的时候给予更多的照料、情感互动，心情不好时就将孩子推开，甚至指责孩子打扰了自己的休息和工作，孩子就容易形成焦虑型依恋。如果看护人总是不能对孩子的需求给予及时回应，孩子则容易形成回避型依恋。后两种类型的孩子缺乏安全感，在探索外界环境时，会感觉自己处在危险之中，保证自己的安全成为第一选择，所以不愿与环境中的人交往，也不愿意主动探索环境。

你的孩子是什么依恋类型呢？不妨做做下面的测试。

依恋类型测试

依恋类型测试是根据安斯沃斯"陌生情境实验"演化而来，主要适合1~3岁。测试仅仅作为参考，不作为定性结论。

依恋类型	妈妈在场时	与妈妈分离时	与妈妈重聚时	陌生人、陌生环境
安全型	伤心惊吓时，得到安慰后能快速恢复； 独自玩耍，不时会看向妈妈	会哭泣或不安，但能很快安静下来	高兴，愿意分享	刚开始比较拘谨，但很快就能自在地独自玩耍； 在鼓励下，能很快和陌生人玩耍或说话
回避型	很少关注妈妈在做什么，只顾自己玩玩具； 一般不会主动寻求妈妈的拥抱或与妈妈亲近	漠不关心，很少表现出哭泣、不安	仍专注于自己的活动，对妈妈回来并未表现出欢迎	不怕生，很容易跟不熟悉的人出去玩
焦虑型	在哭闹时，要花很长的时间才能平静下来； 喜欢缠着妈妈，不愿意自己一个人玩耍	强烈的不安，哭闹不停，很难平静下来	会表现出生气、反抗、踢打妈妈的行为，紧紧缠在妈妈身边，生怕妈妈再次离开，怎么安慰都没有用	在不熟悉的环境中，虽然妈妈在身边，仍表现得很拘谨，不愿独自玩或与别的小朋友玩； 即使在家中，也很难接受陌生人的亲近

1 父母情绪平和，养育更有力量

吼叫的背后多少次是在宣泄愤怒，愤怒的背后又夹杂着多少童年的伤和做不好的挫败与无力，失控之后无须过多自责，只需要反思和调整，接纳自己现在和曾经做不到，相信自己以后可以做得更好。

案例

笑笑妈妈在有孩子之前，自认为是个性格平和的人，很少发火。当时她觉得爱人的脾气也算是好的，两个人很少有冲突。但是，自从当了父母，他们的脾气是越来越大。在孩子一两岁之前，夫妻俩还对笑笑很有耐心。但是，随着孩子长大，他俩动辄就跟孩子发火。笑笑在游乐场不想回家，爸爸气得威胁她"再也不带你出来了"；笑笑非要买玩具、在商场里赖着不走，妈妈烦躁得不行，当着众人不好发火，但是脸色铁青，怒火中烧；笑笑缠着爸爸妈妈不让他们做事情时，他俩一急起来就冲孩子大吼。笑笑妈妈特别疑惑，当了父母为什么会变成这样？在疑惑之余，她也有深深的懊悔和自责。

当孩子出现各种问题时，不免会激起父母的情绪。比如，孩子做错事情，父母多次提醒他都不听；非要和父母对着干、我们说东他偏要向西；做事情没耐心，学东西一遇到困难就放弃；或者脾气大，不好好说话等。遇到这些问题时，父母真的会感到烦躁、愤怒、无奈、无助。而当我们身处某种情绪的时候，往往就会表现得不够理智，甚至会失去耐心、对孩子发火。可是，发过火之后往往又很后悔。

儿童心理学解读
——"冰山理论"

"萨提亚家庭治疗"中有一个重要的理论——冰山理论，实际上是一个隐喻，是指人的自我就像一座冰山，能看到的只是冰山上面部分如行为，而大部分在冰山之下，无法被人看到，包括感受、观点、期待、渴望等。

可以想想，当孩子不听话时，我们愤怒之下的信念是什么？"我的孩子应该听话""我的孩子不应该让我那么费心"，在这些信念之下我们对自己、对孩子有什么期待？我们期待自己很会教育孩子，也期待孩子能够省心、服从、懂得合作。我们内心渴望我们的教育方式孩子是认可的，渴望我们之间的关系是和谐的。

再比如，当孩子遇到困难就放弃时，父母容易产生"这孩子怎么那么笨，他应该懂得坚持，不应该轻易放弃"的信念，期待孩子可以拥有很多的积极品质，特别是自己身上拥有的好品质，这其实是对传承的渴望。

每一种情绪背后都有深深的期待、需要和渴望，只有找到这些，才能让情绪平和下来，对孩子产生积极影响。

当人处于慢性压力状态时，控制情绪的部分处于离线状态，无法使大脑保持理性。所以父母要及时觉察自己的慢性压力并处理，以便更有耐心地对待孩子。

01 父母的情绪失控如何影响孩子

对孩子发火、吼叫是很多父母经常会做的事情。可是你知道吼叫对孩子会有什么影响吗？经常对孩子吼叫会影响孩子的智力发展，还会提升孩子的应激激素水平，这有可能会导致孩子的大脑结构发生很大变化。

● **父母频繁的情绪失控损伤孩子大脑**

哈佛医学院精神病学副教授泰彻（Martin Teicher）做了长时间的研究，发现那些经常受到父母责骂、吼叫的孩子的大脑威尔尼克区（控制语言理解的区域）和前额叶（掌管高级认知过程的区域）之间的连接会减少，语言理解能力会变差。泰彻还发现了另一个惊人的结果：长期被父母语言暴力的孩子，海马体和胼胝体体积有所缩减，而海马体这个区域是记忆形成的关键脑区，所以长期吼叫还会影响孩子的记忆力。

这个时代的父母，打孩子比较少见，责骂、批评却是司空见惯。从上述研究可以看到，父母如果经常情绪失控，长期吼叫、打骂孩子，将会损伤孩子的大脑皮质，影响孩子的大脑发育。

● **父母情绪失控影响孩子的安全感**

如果父母经常情绪失控，总是发脾气，那么孩子就生活在一个情绪极其不稳定的环境当中。对孩子来说，他无法预测父母的情绪反应，不能预期也就意味着不确定性，孩子的内心会是忐忑紧张的，他没办法感受到心理上的安全和稳定。有的孩子表现出易受惊、胆怯、惊慌；有的孩子表现为麻木，对父母的反应完全不理会，其实这是在用情绪上的隔离来应对情感上的不安；有的孩子可能会易怒，对父母充满怒火，有情景诱发时就想要反击父母。这些表现都是内心不安的外在反映。

● 孩子模仿不良的情绪表达方式

此外，孩子的模仿能力很强，当父母习惯以怒吼的方式解决问题和对待孩子时，孩子也会学习和模仿这样的方式，导致其在学校可能会跟小朋友和老师吼叫，在家里遇到不如意时也会跟父母吼叫。不良的情绪在家庭里会传染，不良的情绪表达方式也常会在家庭里延续，孩子学习情绪管理方法最直接的途径，就是观察和模仿父母。所以，失控的父母经常会养育出情绪容易失控的孩子。我们常会看到这样的案例，一个在学校里霸凌其他小朋友的孩子，细究原因，发现他有一个很严苛、暴力的父亲；一个在家里总是被批评、责骂的孩子，到了外面可能就变成了小霸王，会用父母对待他的方式对待他人，而这将会给他的人际交往带来更多的困难。

02 什么引发了情绪失控

父母为什么会情绪失控呢？也许你会说，都是因为孩子，如果他不这样我也不会发火，如果他做得对我也不会失控，如果孩子……需要留意的是，孩子可能是父母情绪失控的外在诱因，根源其实在于父母自身。

当孩子一次次磨蹭、犯错误、不听话，甚至说狠话、挥小拳头时，那些流动在心底的爱可能会在瞬间转化为愤怒，像一把利剑刺向孩子。可是，事情真的都源于孩子吗？所有的愤怒仅仅是因为孩子不听话吗？有多少怒火仅仅是因为父母承担不了负面的情绪，单纯在发泄情绪，又有多少怒火源自于自身在童年所受的伤呢？

在现实层面，也许我们在单位受到了不公平对待，工作没有被认可，或者配偶忽视了我们的需求，这些情绪都会被深深地压在心底，直到在合适的场合和时机，变成愤怒发泄出来。这些通常在意识层面是可以觉察的。

而在意识不到的地方，其实有着更复杂、更根源性的东西。也许我们小时候没有被好好照顾，潜意识中隐藏了太多对看护人的愤怒和不满，甚至我们也曾被暴力对待或怒吼过，那些印痕在我们心底，久久难以愈合。当为人父母时，那些童年的伤就会一次一次被触发，以狰狞的方式向世界呐喊：我需要被看到。其实，每个人心中都有一个小孩，那里藏着童年的所有需求、难过和委屈。只有当那个内在小孩再次被看到，被好好呵护和照顾时，那些伤才得以修复。如果父母自身不去成长、不去疗愈，那么，再多的教育招数也难以起效。

03 如何避免情绪失控

父母该如何避免情绪失控？情绪失控，并非只是爆发的那一个时刻。我们可以从"失控前—失控时—失控后"三个阶段来稳定自身的情绪，尽可能保持平静。

● **失控前——预防发火**

①寻找愤怒扳机点

想想孩子的行为之所以会引发我们的愤怒，是不是因为我们对孩子的行为束手无策？都有哪些行为会引起愤怒？可以尝试在纸上列出，哪些事情、哪些时间会比较容易产生愤怒等强烈的情绪，哪些时候是因为自身情绪的问题还是对孩子期待过高的问题，想想除了发火之外还有什么方法可以尝试？

有时候影响情绪的不一定是孩子，有可能是来自工作或者生活的压力，所以学会爱自己是非常重要的。

②用爱自己的方式为自己充电

可以找些平时喜欢做的事情，写在一张纸上，等有情绪的时候从上面找一个去做。比如追剧、看书、看喜剧电影、听轻音乐、健身、练瑜伽、和朋友聊天、撸猫、散步、做美食、逛街、清空购物车、嗑瓜子、护肤、断舍离、找出旧照片回忆童年、听相声等，只要能让自己感觉好起来的方式都可以。

③记录"小确幸"

尽管有时候处在特别艰难的时刻，但每天的生活中总会有一些温暖美好的时刻值得回味和感恩。不妨每天抽出一两分钟，把这些瞬间记录下来，比如一顿美餐、窗外的阳光、蓝天白云、朋友的鼓励等，这些文字会提醒我们去更多地关注生活中积极、幸福的部分。

④找到发火的深层次原因

有些时候父母发火并不是因为孩子当下的事情，而是因为对孩子过高的期待，又或者是因为原生家庭的影响，孩子的问题仅仅是一个导火索。当我们跟孩子发火的时候，如果想象有一台摄像机正在拍摄，别人会如何看待我们？可能我们的怒火就降下来了。

● **失控时——降降温**

①呼吸调整

当发现自己无法控制情绪，即将失控的时候，可以离开当时的情境，告诉孩子你需要单独待一会儿或者去一下卫生间。离开前有可能你的愤怒已经达到极点，但是只要一离开，愤怒程度就开始在下降了。同时，你可以关注一下周边有几种颜色，或者双臂环绕、用手轻捏两侧的胳膊，通过数颜色或者回到身体的方式让自己的注意力跳脱出来。

接下来，可以进行深呼吸：深深地吸气，把气吸到肚子里，然后慢慢地吐出来，这样做有助于减慢血液循环和心跳，从而逐步冷静下来。深呼吸的时候还可以照照镜子，看看自己的样子是否吓人，对着镜子刻意调整一下面部肌肉和表情。

除了深呼吸，腹式呼吸也可以降低情绪的强度。具体的做法是：把手放在腹部，缓慢用鼻子吸气，肚子鼓起来，然后慢慢用嘴吐气，感觉肚子瘪下去。只要腹式呼吸20秒，身体中的血清素就开始增加，血清素是调节情绪的重要神经递质。

还有一个非常有效的降温方法，叫作"蝴蝶拍"：首先，找一个舒服的姿势坐好。然后，双臂交叉放在对侧的肩膀上，双手交替轻拍肩膀或上臂，12次为一组。稍事休息，可以继续下一组。拍打的时候速度不要过快，就像一位母亲在安慰受惊的孩子时的力度和节奏。轻拍的过程中，要允许自己的头脑中自然浮现各种感受、想法、情境以及身体的各种感觉，让它们自然而然地呈现。

②释放愤怒

当你满腔怒火时，可以找些可供发泄的东西，比如枕头、废报纸、旧衣服等，去敲打、撕扯这些物品；也可以在屋子里走几圈，身体的运动可以帮助情绪释放出来；还可以找朋友倾诉，当其他父母也有类似的苦恼时，会让你得到抚慰、感到放松。

③使用耳语

心理学家曾经做过一项研究，发现人在面对同一件事情的时候，用耳语对孩子说话，孩子更容易接受，父母也更能平静下来。所以，当父母觉得自己快要忍不住的时候，不妨尝试使用耳语，刻意降低声音说话，情绪也会变得比较舒缓平静。

● 失控后

当然，有些时候父母会控制不住自己跟孩子发火，这是很正常的，没有完美的父母。对于孩子来说，会发火的父母比假装平静的父母要更真实、更值得信赖。但是失控和发火之后，父母要反思自己给孩子带来的影响，并且主动跟孩子重新联结，让孩子重新感受到安全感和父母的爱。

①写情绪日记

如果实在没能控制住自己，跟孩子发火之后，可以在备忘录中简要记录发火的事件，当时的情绪、想法。再结合"冰山理论"，思考"冰山"下的需求和渴望是什么。想一想孩子的性格和年龄，他的行为传递了什么信息？是在传达想要更多自主权吗？还是需要更多的训练？又或者是需要父母更多的耐心？等冷静下来，尝试将自己放在孩子的位置，去感受他的情绪和想法。这样的记录可以帮助父母增加对孩子情绪的认识和觉察。

②重新建立联结

父母每一次发火，都可能会暂时切断与孩子的情感联结，增加孩子的恐惧和敌意。但是这也没关系，愤怒、沮丧都是一个人最普通、真实的感受，无须加以掩饰。父母不是圣人，也不需要把失控和道德评判联系起来，一旦失控就内疚、自责。即使我做了十多年心理工作，有时候也依然控制不住怒火，但是要接纳自己的愤怒，然后跟孩子和家人重新联结。而重新联结的方式就是主动、真诚地道歉，通过道歉修复暂时切断的那份爱的联结。

③冲破原生家庭的藩篱

没有人天生就知道怎么当父母，很多父母都是边学边练，如果没有留意

"我们对待孩子的方式"，很可能会在无形中使用熟悉的那套方式：印刻在我们身上的童年印记，也就是原生家庭的教养方式。

原生家庭的影响非常大，不仅影响你，还会影响你的孩子。如果想要冲破原生家庭的影响，需要将这个影响从无意识层面带到意识层面，要觉察到那个影响是什么，我们把什么从过去带到了现在。你可以回想与孩子的互动过程是否似曾相识，这可能是在无形当中用了你的父母与你的互动方式，甚至发火的语言都一模一样。我们很多时候都会条件反射般将父母对待我们的方式映射在我们和孩子的相处中。这时我们可能会埋怨甚至会怪罪原生家庭。

从原生家庭找原因并不是为了逃避问题、推卸责任。原生家庭只是一个起点，而我们能在这个起点上走多快、走多远、走哪条路，则是我们自己需要负责的。我们需要去思考：我如何被影响了，我可以为现在的自己做些什么。首先，去理解我们的父母，理解别人就是放过自己。我们的父母也受原生家庭的影响，试着去了解他们的成长环境和时代背景，然后去理解他们为什么那样对待或者影响我们，并试着去原谅，他们已经做到了那时候可以做到的最好。父母那个年代没有那么先进的教育理念和学习途径，但是现在有太多可以通过学习改变的途径和方法，我们完全可以承担自我改变的任务。既然知道了原生家庭的重要性，就需要尽最大的努力给孩子创造一个良好的成长环境。

当小时候没有被温柔对待过，即使学再多的方法，可能也很难温柔得起来。我们能做的是温柔地对待自己、爱自己，向内寻求而不是向外寻求。当我们因爱的滋养而温润起来，才能给出更多。

身处"内卷"的时代，每个人好像都很焦虑。父母想到孩子当下的成长、未来的发展，更会生发出很多的焦虑。有的父母希望孩子活成自己的样子，有的父母害怕孩子活成自己的样子，无论哪一种都会引发我们的焦虑。

焦虑是谁也无法逃避的，关键是如何在一次次的焦虑中，以一种更积极的姿态来面对差距。

父母要反思是否对孩子有不切实际的期望。如果经常发火是因为这么想："我都给他讲了这么多次了，他怎么还不能改呢？"那问问自己，即使知道发火不好，这么多年又改了多少？即使知道天天锻炼身体的好处，又有多少人可以真正做到？作为成年人，这么多年很难改掉的一些坏习惯，又有什么理由要求孩子在告诉他们几次之后就改掉呢？

同时，父母要思考一下，是否放大了事情的重要性？在想发火的时候可以提醒自己，回过头来看孩子的成长过程，很多当时认为是天大的问题，后来发现其实都不算问题，而是孩子在成长过程中的必经之路，比如让很多父母头疼的吃饭问题，绝大多数孩子上了小学之后就没有这个问题了。还有其他暂时不能达到父母要求的地方，孩子总能学得会、做得好，只是现阶段可能需要更多的等待和切实的帮助。

接纳自己的不完美，也接纳孩子的不完美。每个孩子都有他自己既定的成长方式，都可以活出自己的精彩。

书籍推荐　《回家吧，受伤的内在小孩》《控制愤怒》

2 让上班前的分离拉锯战不再上演

偷偷溜走容易增加孩子的不安全感，分离之前的提醒和陪伴可以让孩子放松下来，角色扮演游戏让孩子相信妈妈一定会回来。

案例

妞妞2岁了，每次妈妈上班前都像在上演一场"生死别离"大戏。这天早上7点半，妈妈又要准备上班了。妈妈洗脸的时候告诉妞妞："宝贝，妈妈一会儿就要上班去了，你和姥姥在家玩。"结果妞妞非要妈妈抱，妈妈好歹哄着洗完了脸，又再次和孩子再见，这时妞妞爬到妈妈身上再也不下来了，眼泪吧嗒吧嗒往下掉，还很委屈地说道："我不要妈妈上班，妈妈陪我。"妈妈安慰孩子，"妈妈不上班，怎么给你挣钱买糖？妈妈下午就回来了"，结果孩子哭得更厉害了，于是妈妈心软了下来，决定再陪孩子玩一会儿，可要走的时候孩子又重演缠身的一幕，妈妈着急地告诉孩子："妈妈真的要迟到了。"然后把孩子交给姥姥，最后8点半离开家。这一场分离整整用了一个小时。

儿童心理学解读
——分离焦虑

妞妞出现的情况其实是与妈妈分开时产生的分离焦虑所导致的。孩子在6~9个月开始与重要看护人形成紧密的依恋关系,而当看护人离开时,孩子会表现出分离焦虑,主要表现为伤心、沮丧、害怕等情绪,行为上表现出哭闹、看到陌生人会焦虑、不允许看护人离开、分离后不能自主地探索环境等。

分离焦虑是很正常的现象,无论是否是安全型依恋都会产生分离焦虑。如果孩子过度焦虑(比如离开一分钟都要哭闹半天)、不焦虑(比如妈妈每次离开时都无所谓,表现出冷漠的状态),妈妈都需要反思自己与孩子的互动是否给了孩子足够的安全感。当然也有可能孩子的过度焦虑与妈妈在面对分离时的应对方式有关。

英国心理学专家约翰·鲍尔比(John Bowlby)通过观察把婴儿的分离焦虑分为三个阶段。

嚎陶大哭,又踢又闹。

仍然断续哭泣,动作的吵闹减少,不理睬他人,表情迟钝。

> **3 超脱阶段** 接受他人的照料，开始正常的活动，如吃东西、玩玩具，但是看见母亲时又会出现悲伤。
>
> 并不是每个孩子都一定会经历这三个阶段，有足够安全感孩子的会直接从第一阶段过渡到第三阶段。所以有些看护人会看到，当孩子妈妈离开之后，很多孩子会很愉快地玩耍。

01 什么导致了孩子过度分离焦虑

● 不安全依恋

鲍尔比根据实验室观察把依恋类型分为：安全型、焦虑型和回避型。

根据孩子与父母分离时的表现可以判断出孩子的依恋类型，过度焦虑和不焦虑都与不安全依恋有关。

● 父母的焦虑

有些父母会不停地说"再见"，直到激起孩子的焦虑。父母并不是有意这样做，而是分离对于很多父母来说更多是自己的课题，是父母舍不得孩子，而不是孩子舍不得父母。孩子不想要父母离开，在一定程度上可以满足父母被需要的自恋需要，父母会觉得自己是被孩子需要的，是不可代替的。有一部分父母甚至在和孩子短暂分离，看到孩子哭得像泪人一样时反而自己泪奔，这样的状态会加重孩子的分离焦虑，或者说会纵容孩子的分离焦虑。

02 父母的不当做法

● 偷偷溜走

有的父母为了避免在家庭中上演与孩子的分离大戏,往往选择上班时偷偷溜走,这样做既避免了父母内心焦虑的情绪,又看不到孩子哭泣,很多父母认为这是非常好的选择。其实,这样的行为反而更容易增加孩子的不安全感,在孩子的内心留下难以察觉的阴影。此时,孩子对父母什么时候离开,什么时候回来没有足够的心理预期,会对父母的离开更加紧张。孩子都有自恋倾向,所以会把父母不打招呼的离开解读为是自己不够好,自己做错了什么,从而影响对自我的认知。

分离的练习对于孩子是一个很好的成长体验,如果父母为了避免情绪而刻意回避分离,孩子会产生父母"来无影、去无踪"的感觉,这大大增加了孩子的不安全感。此外,孩子对父母什么时候离开没有预期,会特别担心父母突然不见,以后也会将这种担心泛化,担心爱人突然不见,影响今后的亲密关系。

● 凶孩子

父母早上上班时间比较紧张,但孩子对时间没有概念,他只希望爸爸妈妈可以一直陪着自己,所以孩子会用一次次的哭闹、拽衣服等方式挽留父母。这时候如果父母不了解孩子的分离焦虑,就可能会凶孩子、指责孩子不懂事、怎么天天都要上演这样的哭闹戏。被凶之后,孩子内心会感觉委屈,"我只是想和你们在一起",还会产生"都是因为我不好才让他们生气"的自责心理。

● 讲道理

这是特别普遍的做法,"妈妈要去上班挣钱,不挣钱你的玩具怎么来""去晚了，领导就要批评妈妈了"。适度的讲道理可以帮助孩子慢慢形成一定的思维逻辑"上班—玩具—好吃的"，但是并不能缓解孩子分离焦虑的情绪。

03 如何愉快分离

● 给孩子足够的安全感

①尽量固定看护人

固定的看护人会让孩子有一种稳定的感觉，对于帮助孩子建立安全依恋关系非常重要。而那些小时候被送到奶奶或姥姥家待过一阵子的孩子，刚建立起的依恋关系被切断，再次回到父母身边时往往有不安全的感觉，需要很长时间来修复。此时孩子会处于一种矛盾中，不知道该跟谁建立亲密关系，对外界会有强烈的不信任感，形成"自己不够好，自己不值得被爱"的想法，认为如果自己足够好，就不会被送走了，被送走只是因为"我不够好"。

在与青少年的工作中，我发现那些很早就被迫进入托管中心，甚至幼儿园就开始住宿的孩子，到了青少年时期会表现出极大的行为问题（如爱打架）和交往方面的问题，而且修复起来特别困难。

当然这里并不是说妈妈要一天 24 小时陪伴，只要在陪伴的时间里妈妈能够给予足够的爱，孩子的安全感是不会受影响的。

②对孩子及时准确的回应

鲍尔比指出，安全型依恋是通过孩子与妈妈交往中的情绪互动和身体亲近的体验而逐渐发展起来。要形成良好的依恋，妈妈必须准确地感知孩子的情感信号，敏感地做出反应，同时接纳孩子的行为和感情。

③对孩子进行前后一致的回应

有些父母任凭自己的心情随意设立规矩，孩子同样的行为，有时会被提醒和警告，有时则不予理会。

另外，孩子同样的行为，父母有时候给予回应，有时候却不予理睬，回应与否好像更多与父母的情绪有关。比如，孩子发现一个新玩具，拿给妈妈展示，第一次时妈妈会很高兴地和孩子一起玩，下次就会很不耐烦，让孩子自己玩。

还有的时候，父母自己的态度与行为不一致。比如妈妈带着孩子去超市，孩子嚷嚷着要买玩具，妈妈嘴上说："这个玩具家里有，不能再买了。"却边说边掏钱买了玩具。妈妈的态度是反对孩子买玩具，但在行为上却支持了买玩具。这种情况在日常生活中经常发生。

在看护孩子的过程中，父母不可避免地会受到自己情绪的影响。当孩子的正常需求撞上父母的不良情绪时，受伤的永远是孩子。所以，父母要尽量提前调节好自己的情绪。

当父母无法调节自己情绪的时候，最好诚实地面对孩子，告诉他："妈妈今天心情不好，但不是因为你，跟你没有关系，妈妈爱你。"因为孩子都会有一种自恋倾向，会认为周围一切的变化都和自己有关，会认为爸爸妈妈心情不好是因为自己不够好造成的。所以，一定要让孩子知道父母的情绪跟他是没有关系的，尽管父母心情不好，但是父母还是爱他的。父母也一定不要明明情绪不好，却装出很好的样子，其实孩子能敏感地觉察到父母的情绪。

● 分离之前充足的陪伴让孩子放松下来

一般情况下，孩子会醒得比较早，父母可以在早上留出一定的时间，陪伴孩子玩一些轻松的游戏，在陪玩前告诉他："我一会儿就去上班了，先陪宝宝玩一会儿。"在这个过程中专注地陪伴孩子，不用不停地提醒他，一会儿自己要去上班了，否则孩子玩的过程会有紧张情绪，也起不到放松的效果。

● 经常和孩子玩儿躲猫猫、"马上回来"、角色扮演的游戏

躲猫猫的游戏可以帮助孩子发展"虽然看不见爸爸妈妈了,但是可以找到他们"的概念,这在心理学上叫作客体永久性,是儿童心理学家让·皮亚杰(Jean Piaget)提出的一个概念,是指物体看不见并不是物体消失了,物体的存在是永恒的。

很多孩子过于焦虑就会有这样的担心:爸爸妈妈离开就不会回来了。而"马上回来"的游戏可以让孩子理解:父母虽然离开了,但还会再回来。"马上回来"的游戏可以这样玩:妈妈离开孩子视线几秒钟,然后马上回来,再次离开,再马上回来,同时用语言告诉孩子,"妈妈走了,妈妈又回来了",离开和回来的时间可以适当延长。

此外,还可以通过角色扮演的游戏来模拟分离场景,让孩子熟悉分离,并知道可以怎样去做。角色扮演游戏可以这样玩:孩子扮演妈妈,假装去上班,妈妈扮演孩子,表演出妈妈上班时孩子的不舍、哭闹等,表演越夸张越好,比如"妈妈不要走,我不舍得你,我想和你在一起"。这样的表演不仅可以让孩子看到自己,而且可以帮助他释放焦虑情绪。

● 一次告别,快速离开

无论父母前面做了多么到位的陪伴和心理建设,当真的要离开时,孩子一定会流露出不舍的情绪,甚至大哭大闹、拉扯衣服来挽留父母。这个时候,父母一定要稳住自己的情绪,同时简单共情孩子,"我知道你不想让我去上班,我也特别想和你待在一起,来让我抱抱、亲亲,我下午就回来了",然后快速、愉快地离开,不用等到孩子完全冷静下来甚至等着孩子高兴地道再见,更不要一遍遍地讲道理、反复安慰孩子。一般情况下,当父母离开后,有足够安全感的孩子会很快调整好并愉快地玩耍了。

● 回家后的陪伴也要充足

父母下班回来后，要充分表达对孩子的思念，并给予充足的时间陪伴孩子，帮助他释放父母不在身边时的负面情绪。

| 绘本推荐 | 《妈妈上班我不哭》《我妈妈上班去了》《我不想离开你》 |

3 孩子太过黏人是否有问题

孩子黏人会让父母一边享受被需要的感觉，一边感到没有空间的不自在。"黏人游戏"快速解决黏人问题，平日的轻推可以慢慢让孩子享受多人的陪伴。

 **案例**

贝贝已经快6岁了，可还是特别黏人。妈妈一下班回来，他就扑到妈妈的身上，不停地说："妈妈我好想你。"黏着妈妈不放，总想让妈妈陪他玩。做家务、吃饭、上厕所都跟着妈妈。带他去外面玩，他还是待在妈妈身边，不和别的孩子一起玩。

妈妈上班忙，陪孩子时间少，孩子想妈妈，这些妈妈都理解。可是，妈妈已经把下班后的时间都给他了，为什么还不够？

儿童心理学解读
——孩子黏人的实质

《伯克毕生发展心理学》中把依恋的形成分为四个阶段：（1）前依恋期（0至6周）。这期间婴儿对人的反应几乎都是一样的。（2）依恋关系建立期（6周至6~8个月）。这期间婴儿对母亲和他所熟悉的人的反应与对陌生人的反应有了区别，对看护人有信任感，可以识别母亲，母亲离开时不会反抗。（3）依恋关系清晰期（6~8个月至2岁）。这一时期婴幼儿对母亲的依恋真正确立，出现了分离焦虑、对陌生人的恐惧、对看护人的持久依恋情感，这一时期除了抗议母亲的离开，还会想办法让母亲一直留在身边。如果妈妈一直对孩子的需要给予恰当、及时的回应，孩子会把妈妈当作"安全基地"，孩子离开基地后会去探索环境，然后回头看看妈妈是否一直都在，甚至回到妈妈身边，得到鼓励后再去探索更大的世界。（4）交互关系形成（18个月至2岁以后）。这时，幼儿开始考虑母亲的愿望、需要和情感，认识到母亲的离开是暂时的，并不是抛弃他，母亲是爱他的，从而建立起双边的人际关系，逐渐能够理解母亲的来去，以及预测她的返回。

适当黏人实际是依恋形成的重要表现，正常情况下，3岁之后，孩子黏人的发展趋势会随着年龄的增长逐渐降低，可以承受适度分离。过度黏人跟早期养育过程中亲子依恋缺失、母婴互动质量较低有关。

01 是什么让孩子更加黏人

适当黏人是一种正常的依恋表现，意味着孩子与看护人形成了强烈、持久、亲密的情感联结。这是一种积极的、充满情感的感情联结，这种联结一旦形成，看护人就成了孩子与他人交往和探索环境的"安全基地"。孩子与看护人分离时会感到紧张不安，是由于"安全基地"消失而带来的紧张情感。

往往当孩子感到不安全时会更加黏人：孩子的看护人突然变更；搬家、旅行或入园等导致环境发生变化；家中遇到应激事件，比如有人生病或去世；成人间发生矛盾导致家庭关系骤然变得紧张；家庭来了新成员让孩子感受到威胁；重要依恋对象突然离开一段时间，比如出差、住院等；孩子近期遭遇压力事件，如被欺凌；孩子身体不适等。

02 父母的恰当应对

养育孩子是件累并快乐着的事情。一方面，父母享受和孩子在一起时的天伦之乐，另一方面，也会因为孩子太黏人而感到疲惫。根据依恋形成阶段，孩子黏人是一种正常的现象，如果父母给予孩子足够的、恰当的、及时的回应，孩子就会获得安全感，逐渐不那么黏人。

如果父母希望能够培养孩子逐渐独立，也拥有更多属于自己的空间，那么对于孩子黏人，父母可以在两个层面上做出调整：一是可以立刻开始行动的，让孩子确认安全又能让其跟父母分开一点；二是父母要更多关注孩子的深层心理需求，致力于孩子长期的成长目标。

如果家里有黏人的孩子，父母最希望的就是能把孩子推开一点点。父母可能不愿意对孩子说："离我远点，去自己玩一会儿。"可父母确实也需要属于自己的空间和时间。我们先来看看怎样能尽快改变现状，有立竿见影的效果。

玩黏人游戏

找一个孩子不那么黏人的时刻，开始游戏时光。一开始，父母用一种搞笑的方式缠住孩子，可以拽住他的衣服或者抱住他，同时说："我永远都不会让你走的！就算没法做饭、不能去厕所，我也不管，反正就是永远都不会让你走！"

孩子很有可能会大笑起来，然后从父母身边溜走，此对父母要大声地提出反对意见："不要走！快回来！"这样的互动既满足了孩子对于联结的需要，又成功地激发了他的独立需求。黏人游戏通过好玩、搞笑的方式同时达到了这两个目的。

游戏中，父母和孩子互换了角色，父母成了黏人的人，而孩子成为了需要更多独立空间的人。这种角色互换游戏，让孩子释放了之前因为不想和父母分开而堆积的紧张情绪。

当孩子跑掉之后，父母要假装笨笨地去追他，最好总也抓不住、还摔倒在地，假装绝望地大哭："求求你，回来吧！我需要你！我差点就抓住你了！回到我的怀里来吧，做我永远的小宝贝！"如果孩子咯咯笑了，就说明游戏起作用了。笑声可以治愈孩子对于分离的恐惧。

假如孩子并没有溜走，那就让他在父母的怀里享受一会儿吧！父母转变角色、反过来黏着孩子，这本身就满足了他内心深处对于安全和支持的需要。孩子非常喜欢被父母紧紧地抱着，并愿意听到父母保证"要永远把他抱在怀里"。此时就让孩子充分地享受一会儿吧，父母最好也能够同样享受其中。

当孩子在父母的怀里待上几分钟，不再担心被推出去之后，父母还可以表现得"过分点",比如不停地亲他的脸、拽着他的胳膊。多次进行这样的游戏之后,也许很快他就会从你的怀里溜走了。因为,一旦他的安全感被满足了,就会准备去探索世界、寻求独立了。

有一点非常重要:不要让孩子感觉你是在取笑他,或者模仿他的问题行为。玩这个游戏的目的,并不是让孩子因为黏人而感到羞愧,而是要把轻松和幽默带入黏人这个场景,这样会释放孩子的紧张情绪,让他重获对独立的渴望。

这个游戏可以解决孩子黏人的问题。但是作为父母,需要更多地关注孩子长期的、深层心理需求,只有这样,才能真正有效地改善孩子黏人的问题。

那什么是孩子的长期需求呢?一种对情感联结的稳定需求以及安全感。如果父母和孩子在一起的时间不够多,会很难和孩子保持这种联结感,或让孩子感觉到安全。所以父母需要思考一下:什么是最重要的?有没有办法,在现有的条件下多花点时间陪伴孩子?和孩子在一起的时候,尽量高质量陪伴,真正拥有联结呢?

黏人的孩子,常常会从父母的言行举止中解读出:"你要得太多了!要求太高了!太不知足了!"这样的信息,只会让孩子更加黏人、害怕分离。不要急着把孩子推开,要让他感受到"我非常愿意和你在一起",这会减少他对于父母强烈的时间需求。

所以,当父母回到家之后,可以迅速换上适合游戏的衣服,坐在地板上,给孩子百分之百的关注,哪怕10分钟也行。请注意,这10分钟要带着饱满的热情去陪孩子玩,尽量让手机保持静音。辛苦工作一天之后,还要陪孩子玩,真的很不容易,但是对于孩子来说非常重要,有助于同孩子重建亲子联结、重获安全感。

有些父母会因为黏人的是男孩而格外烦恼。大多数父母都希望男孩更加独立、更具冒险精神。其实，无论是男孩还是女孩，都对亲密联结有着基本的需求。如果孩子感觉不到自己有"安全基地"，就不会勇敢地进行探索。因此，不管是男孩还是女孩，不要急着把孩子从身边推开。父母越是焦虑，想让他和别人玩，他就会越黏人；如果父母的状态非常放松，孩子就会产生好奇心和探索的内在动力，去玩其他游戏或者找别的孩子一起玩。不管是黏人角色置换游戏，还是亲子一对一的特殊时光，目的都是为了让孩子体会更多被爱、被珍视和被接纳的感受。

有些父母会担心，这样会不会惯坏孩子？不会的。父母永远都不会因为给予孩子很多的游戏时间、很多的爱和接纳而惯坏他，这些游戏和爱只会满足孩子对于联结的基本需求。当这种基本需求得到满足之后，孩子就能够继续向前，探索世界。

绘本推荐　《我不想离开你》《妈妈需要离开你们一天》

4 做好心理建设，入园不焦虑

入园焦虑很普遍，父母需要提早帮孩子做好准备。为孩子做好充足的心理建设，方能支持孩子顺利度过入园适应期。

案例

妞妞3岁了，马上就要进入幼儿园。妞妞妈妈看到网上不少刚入园孩子的视频，很多孩子都哭得稀里哗啦，在幼儿园哭着找妈妈，不好好吃饭，也不肯去玩，妞妞妈妈非常担心妞妞是不是也会这样。

每年入园前夕，都会有很多父母为怎样让孩子顺利入园而担心不已。每到入园季，各个幼儿园门口就开始上演一幕幕离别的情景。刚满三岁的孩子，在初次离家的过程中会遇到很多的心理难题，表现出很多不适应状态，比如不想去幼儿园，到了幼儿园门口哭得撕心裂肺，回家之后有时也蔫蔫的。

调查显示，80%以上的孩子会出现不同程度的入园焦虑，每个孩子的表现却不相同，最常见的有持续地哭泣、念叨着不想去；哀求父母、跟父母讨价还价希望少去一天；在幼儿园门口撕心裂肺地吵着要回家；在园里郁郁寡欢、不参与活动或是黏着老师。

入园对孩子来说确实是一个重大挑战，会给孩子带来很多压力。孩子第一次离开父母和家庭，开始集体生活，必然会产生焦虑或痛苦。面对孩子的入园挑战问题，父母该怎样做才能够帮助孩子尽快适应？作为父母，又该如何支持孩子，做好哪些心理建设，帮助孩子度过入园适应期呢？

儿童心理学解读
——安全感

心理学家把安全感称为人的心理免疫系统，良好的安全感是发展完整人格的基础。

0~6岁的年纪正是建立安全感的关键时期。美国著名儿童心理专家斯坦利·格林斯潘（Stanley I. Greenspan）的研究发现，3岁左右的孩子，几乎每隔15分钟就会找一次亲密看护人。这是包括人类在内，所有哺乳动物的本能：和妈妈分离达到一定时间和空间的边界后，就需要重新回到妈妈身边，汲取安全感、补充能量。

如果孩子在环境中的安全感得不到满足，如感到环境有危险，找不到可以依恋和求助的对象，在环境中感觉不舒服、不快乐，就会产生焦虑、痛苦等情绪，表现出哭泣、退缩、逃避或攻击等不适应的行为。

当了解儿童安全感的建立和确认的方式后，就可以理解孩子在初次进入幼儿园之后的种种情绪和行为问题了。

孩子在离开了自己熟悉的家庭环境之后，来到了幼儿园。幼儿园里的一切都是新的，与家庭环境截然不同的环境布置、不熟悉的老师、陌生的小朋友。陌生对于孩子，甚至对于个体来说，都意味着环境中有许多不可预知的事情，会让人产生不确定和对环境失去控制的感觉，而确定感和控制感正是安全感的重要体验。当孩子失去确定感和控制感，会直接威胁到孩子的心理安全。

01 父母的不当做法

● 要求命令式的语言

在跟孩子做入园建设时,父母可能会用要求命令式的语言跟孩子交流,比如"你必须得上幼儿园,每个孩子都要上幼儿园""你不去的话,就学不到本领",这种方式比较强硬,缺少情感,对孩子的心理建设是不够的。

● 威胁恐吓式的交流

孩子在家里不听话、不配合时,父母可能会用幼儿园来威胁和恐吓孩子,比如"你要是再这样,等到了幼儿园,就有你好受的"。还有的父母希望孩子提前明白幼儿园的规则以及违反规则后的后果,也可能会采用类似的方式跟孩子交流,比如"在幼儿园里不许抢玩具,不然老师会批评你""在幼儿园里你必须得午睡,要不老师就不喜欢你了"等。这种威胁恐吓式的交流,会让孩子对幼儿园心生恐惧。

● 欺骗式突然送园

当父母自身很焦虑或者孩子表现出对入园的排斥与焦虑时,父母可能会安抚孩子"我们不去幼儿园了",这种看似是降低焦虑的做法,对孩子来说其实是一种欺骗,不提前给孩子做心理建设,反而隐瞒他必定会入园的事实。在没有给孩子充分做好心理建设的基础上,父母突然在入园日把孩子送入园,对孩子来说会破坏其安全感。

● 过度渲染幼儿园的美好

有些父母希望孩子对幼儿园感兴趣、愿意去幼儿园,所以会把幼儿园描述得非常好,这其实是过度美化幼儿园,比如跟孩子说"幼儿园特别好,有特别多的游戏""幼儿园是小朋友最爱去的地方"。实际上,父母在给孩子做心理建设时要实事求是,不要过度美化幼儿园。幼儿园有活动规则、外部约束,这些都要如实地告知孩子。对幼儿园过度美化，会造成孩子的心理落差。在第一天入园后，一旦幼儿园与孩子心中预想的不一样，孩子会更容易产生抵触情绪，可能之后几天都不愿意去幼儿园。

父母做好孩子入园前心理建设的核心就是要建立孩子对幼儿园环境的心理安全感。

02 父母的恰当应对

入园前父母可以做些什么来增强孩子入园的心理安全感？

● 提前告知，每天提及幼儿园

在孩子要上幼儿园之前，父母要提前告知孩子这件事情，让上幼儿园这件事情成为孩子生活的一项内容。虽然孩子还没有上幼儿园，甚至还没有去过幼儿园，但他的生活每天都会出现"幼儿园"这个话题，可以帮助孩子建立上幼儿园的心理预期，提前熟悉上幼儿园这件事情。

● 提前建立对幼儿园环境和老师的熟悉感

在入园之前，可以带着孩子每天路过幼儿园，熟悉去幼儿园的路线、园所的户外环境。如果已经有老师和中大班的孩子在园，还可以带领孩子看看幼儿园的户外活动，看看他们玩的游戏。有条件的话，可以带孩子提前参观幼儿园，熟悉幼儿园内部和班级里的环境布置，和班级老师提前见面，父母可引导孩子和老师打招呼、与老师做互动。这些都可以帮助孩子提前建立对幼儿园的熟悉感，为进一步帮助孩子建立入园后的安全感打下基础。

● 建立积极期待

在每天带着孩子去游园、路过幼儿园时，可以拍下孩子和幼儿园合影的照片、拍下幼儿园的环境视频或者其他孩子在幼儿园里开心游戏的视频，回去后让孩子看看，这会让孩子将幼儿园与快乐情绪建立联系，对幼儿园产生积极期待。

很多幼儿园也会在园所外的宣传橱窗里贴一些幼儿园开展的活动、幼儿园的菜谱等，父母可以和孩子共同观看、讨论这些内容，或和孩子聊一聊自己小时候上幼儿园的趣事，让孩子在轻松愉快的幼儿园话题中，建立起对幼儿园的愉悦体验。

这些与幼儿园相联系的愉悦体验可以降低孩子入园时的不安全感，帮助其尽快适应幼儿园的生活。

● **熟悉幼儿园的作息和生活**

父母可以提前了解幼儿园的生活作息时间，在入园前一段时间，逐步调整孩子的作息时间，与幼儿园的生活作息时间逐渐同步。父母还可以下载一些幼儿园的生活视频或者购买关于幼儿园生活的图书绘本，和孩子一起观看、阅读。这些做法可以帮助孩子提前了解有关幼儿园的生活内容，提前熟悉幼儿园的生活时间，当孩子真正进入幼儿园时，游戏活动、加餐、午睡、喝水、上厕所等活动都是孩子听过、见过的，就不会有太多的陌生感，并且当孩子提前了解在幼儿园会发生的事情，会提高其内心的确定感，从而增强入园后的安全感，帮助孩子尽快适应幼儿园生活。

● **培养孩子的规则意识**

游戏：一日幼儿园——这个游戏就是和孩子玩关于幼儿园一日生活的游戏。父母可以提前了解幼儿园一天的流程，然后在家里找一些玩偶，用玩偶向孩子演绎幼儿园的故事。父母可以先把幼儿园的一天演出来，比如进园先洗手，然后排排坐吃早餐，接着，老师会给小玩偶讲故事、带着小玩偶唱歌、跳舞、做游戏，去户外活动……慢慢地，可以让孩子自己来玩这些玩偶，父母在孩子身边进行旁白，直到孩子可以自己玩"上幼儿园"的游戏。在游戏中，孩子很愿意演有力量的角色,所以父母还可以邀请孩子扮演玩偶们的老师。通过生动的预演游戏,孩子就对幼儿园生活有了更加充分的心理准备。

了解幼儿园的生活内容之后,还要了解幼儿园生活的基本活动规则,例如游戏规则;吃饭、睡觉、上厕所等生活事件的规则;集体活动、区域活动和自由活动的活动规则。父母可以和孩子在家里做角色扮演游戏,让孩子在游戏中提前熟悉幼儿园的规则,当孩子入园后,就知道自己该怎么做,内心的确定感和控制感都会有所增强,从而增强其安全感,减少哭闹、退缩等行为。

● **增强掌控感**

掌控感是安全感的重要组成部分,面对不确定的生活事件,如果孩子内心有掌控感,则会更加容易平静下来,去处理外部事件。因此,帮助孩子获得掌控感,也会增强孩子内在的心理安全感。

有一些提升掌控感的游戏,比如"超级遥控器"游戏。孩子手里可以拿一个遥控器,指向谁时谁就被遥控了,此时孩子可以发出指令,"爸爸举起手""妈妈向左转"等。让孩子在游戏中体验控制周围事物的感觉。游戏虽然是假的,留给孩子的感觉却是真的。这种在游戏中获得的掌控感也会迁移到孩子的生活中,帮助孩子在入园时更好地处理陌生的环境和事务。

> **绘本推荐**　《汤姆上幼儿园》《小阿力的大学校》《幼儿园的一天》

5 轻松送园,缓解分离焦虑,关键在父母

恋恋不舍的徘徊会传递给孩子,增加孩子不想分离的焦虑,"再见仪式"和果断离开让孩子轻松走进幼儿园。

案例

琳琳和父母正在经历着煎熬的过程,早晨起床琳琳就会不停地嘟囔着"我不要去幼儿园"。等到要穿衣服的时候,琳琳就会开始哭,一路哭,好不容易平静下来了,一看到幼儿园大门又放声大哭、紧紧地搂着妈妈的脖子不肯撒手,撕心裂肺喊着,"我要回家,回家",嘴里还不停地喊着:"妈妈!妈妈!"琳琳妈妈听得不忍离去。

晚上接回家,琳琳也很爱闹情绪,动不动就哭,还特别黏人,有时候琳琳夜里还会做噩梦,让父母很担心。周末的时候,琳琳很开心,但一到周一,又开始新一轮的入园哭闹。面对琳琳的这种入园焦虑情绪,琳琳的父母实在不知道该怎么做才好。

儿童心理学解读
——入园焦虑及其类型

孩子的入园焦虑其实来源于分离焦虑。孩子在入园时分离焦虑的行为表现通常有以下几种。

1 哭闹型

入园之初，大部分孩子初次和父母分离，第一反应就是抱着父母大声哭闹，即使父母已经离开，也仍然哭闹不止，有些孩子甚至会呕吐，拼命想要离开幼儿园。有些孩子刚入园一两天非常听话，可是两三天之后便开始哭闹，不愿意去幼儿园。还有些孩子，虽然依从父母和老师的要求，能够来园，但仍然会伤心哭泣。

2 不语型

有的孩子看起来安静，没有明显的哭闹行为，但与父母分离给其内心所带来的焦虑和紧张的情绪却是非常强烈的。这类孩子通常比较内向，情绪表现不太外露，常常会缩在教室一角，呆坐不语，不与其他孩子和老师说话，对所有的一切都漠不关心，仿佛进入一种木僵的状态。还有的孩子虽然沉默不语，但会默默流泪。这些孩子表现出的是一种退缩行为，他们默默地忍受着内心强烈的焦虑和害怕，盼望能早日离开幼儿园。

3 絮叨型

这类孩子刚入园时也会哭闹，但哭的强度并不高，主要表现为边哭边说："我妈妈怎么还不来接我？""我要回家……"而且会反复地说这些话，只有在父母快来接他们时向其解释，他们才会略好一点。其实这是絮叨型孩子内心焦虑害怕的外在行为表现，只有通过不停地说话才能缓解内心的不安。

> 还有一类孩子在与父母分离之后，就立刻将老师作为依恋对象。这样的孩子会紧紧抓住某位老师（通常是第一位接待他的老师）的手，形影不离，拒绝一切活动，所有事情都要这位老师照顾。只要这位老师一离开，孩子就会到处寻找、烦躁不安、哭闹不止。

进入幼儿园，意味着孩子要和日常的亲密看护人分开，这种分离会让孩子感觉害怕、不安全，从而产生哭闹、絮叨、黏人等不适应的行为。这些行为都是孩子因入园而产生分离焦虑的表现，是与产生亲密依恋关系的看护人分开后必然会发生的正常现象。其实，在孩子入园时，不仅孩子有分离焦虑，父母也可能会有。

01 父母的不当做法

送园对父母来说无疑是个挑战，父母要尽量避免以下这些做法。

● **冷漠地硬塞给老师**

有的父母很害怕送园，分离时孩子的哭闹可能会让父母很心疼也很恼火，他们不想要面对这种场景和情绪，所以会尽量在幼儿园门口减少停留的时间，到了幼儿园就把孩子塞给老师，如果孩子挣扎、哭闹，也不回应孩子，只是冷漠地转身离开。这种做法会让孩子感受到情感上的冷漠，孩子在分别时的情绪没有得到父母的关注和理解，孩子内心会更加失望和痛苦。

● **与孩子长时间纠缠**

有的父母在送园时可能会跟孩子长时间地纠缠，比如抱着孩子走向幼儿园时，孩子一哭闹，马上离开幼儿园，朝别的方向走，导致很长时间也到达不了幼儿园；或者在幼儿园门口抱着孩子太久，无法把孩子递给老师；或者老师把孩子带入园时，孩子突然哭闹，父母反复地回头安抚，不断地把孩子从老师那里带回到自己身边。长时间纠缠，会让孩子过分沉浸在分离的痛苦当中，让分离变得更困难。

● **恋恋不舍地徘徊**

很多父母在与孩子分离之后，也会产生担心、紧张、难过的情绪，所以有不少父母在送园之后还待在幼儿园门口引颈张望，恋恋不舍，希望能够看到孩子活动的身影，让自己安心一些。但是，父母这种过度焦虑的表现反而会再次激发孩子的不安情绪，也会让孩子觉得父母对自己不放心以及入园的可怕。

02 父母的恰当应对

在孩子产生分离焦虑之后，父母要考虑的是怎样缓解分离焦虑。因分离而产生的消极感受只有孩子适应了新环境，能独立应对环境中的新事物之后，才会逐渐缓解，因此这一阶段又被称为是孩子的第一次"心理断乳期"。如果能在入园时期处理好孩子的分离焦虑，对其心理成长和独立能力的养成十分有益。

那么，父母在送孩子入园时该怎么做才能缓解孩子的分离焦虑，帮助孩子尽快适应幼儿园的生活？

● **父母平复自身的焦虑情绪**

父母在送孩子入园时，首先要觉察自己是否存在焦虑和担心的情绪。有些父母在送孩子入园前也会内心不安，担心孩子在幼儿园得不到很好的照料、担心孩子吃不好睡不好、担心孩子受欺负，这些担心都是父母焦虑情绪的表现。

科学研究表明，情绪会传染。父母的焦虑情绪会表现在其言行之中，比如送孩子入园时，舍不得放手；孩子入园后，在门口徘徊不走；接园时，问长问短，担心情绪溢于言表。父母的这些行为会将自己内在的焦虑情绪传递给孩子，让孩子觉得上幼儿园不是一件好事情。本来孩子就觉得离开了父母，受了很大的委屈，内心紧张不安，再受到父母紧张情绪的影响，可能会使其更加伤心，对幼儿园产生更强烈的抵触情绪。

所以父母在送园时，要先觉察自己内心的焦虑情绪，积极调节不良情绪。可以将自己担心的事与幼儿园老师交流，获得准确的信息，让自己放心。平复了自己的焦虑情绪后，再和孩子交流上幼儿园的事情，父母乐观稳定的心态、交流内容中的积极信息都会影响孩子，使他们以一种积极的心态来面对幼儿园，从而更快地适应幼儿园生活。

● **巧用安抚物缓解分离焦虑**

当孩子入园后要与熟悉的看护人分离，见不到自己的依恋对象，他们的分离焦虑会更加强烈。

既然孩子是因为与依恋对象分离而产生的分离焦虑，那么如果能给孩子一个依恋对象的替代物，将会大大地缓解孩子的分离焦虑，而这个依恋替代物就是安抚物。

许多孩子在家都会有一个特别喜欢的毛绒玩具，孩子对这个玩具的喜爱不仅是由于它好玩，更深层的原因其实是孩子与玩具建立了亲密的依恋关系，而这个玩具就是孩子与父母分离之后最好的安抚物。有些幼儿园在孩子刚入园时，允许孩子带一个自己喜欢的玩具，此时就可以将充当安抚物的玩具给孩子带上,在孩子伤心难过时,给予孩子安慰。有些幼儿园规定不能带玩具入园,此时父母可以为孩子创造其他可以代替依恋对象的安抚物,例如"爱心吻"。

"爱心吻"的制作非常简单:妈妈拿一张不干胶纸,在上面印一个唇印,"爱心吻"就做好了。在送孩子入园前,妈妈拿出事先准备好的"爱心吻",告诉孩子:"这是妈妈的爱心吻,代表着妈妈,你在幼儿园想妈妈的时候,就可以摸摸这个爱心吻,就像妈妈陪在你身边一样。"然后把"爱心吻"贴在孩子衣服内侧,最好是胸前,孩子可以摸到的地方。这样既遵守了园所规定,又让孩子可以随时触摸到安抚物,及时缓解孩子的焦虑。

给孩子的安抚物既可以是有形的,也可以是无形的。

在即将送孩子进入幼儿园时,在孩子的手心里印下一个吻,告诉孩子:"这个手心里的亲亲代表着妈妈,它会一直待在你的手心里,当你在幼儿园时,这个亲亲会一直陪着你,就好像妈妈一直陪在你身边。"

● **通过共情调节紧张情绪**

每个人都有被看见、被认同、被理解的内在需求,孩子也一样。孩子在入园时的激烈情绪只是内心状态的一种表现,这些情绪需要父母的关注、接纳和安抚,当孩子入园时心情平稳,入园也就变得容易许多。所以,父母可以通过共情的方法来接纳和理解孩子的心情、平复孩子的情绪。

共情是非常有效的情绪沟通方法,其过程也十分简单:当看到孩子有消极情绪时,尝试理解和接纳他的情绪。共情时,可以使用下面的句式:我知道……(描述事情);你觉得……(描述情绪);我如果遇到这样的情况也会……(表达理解和接纳)。如果孩子对语言的理解有限,那么拥抱、轻拍、倾听、重复孩子的表达等也是简单好用的共情方法,能让孩子感受到父母对其情绪的接纳和理解,有效地缓解孩子紧张害怕的情绪。父母需要以理解接纳的态度来安抚孩子，不批评指责、不命令孩子闭嘴，而是拥抱和亲吻孩子，温和而坚定地说："我知道要和我分开你很伤心，我相信你会在幼儿园顺利度过一整天。我的爱会一直陪着你，放学时我一定会按时来接你。"

如果孩子搂住不放或者拳打脚踢，要温和而坚定地拉开孩子的手，把他交给老师，然后以轻松的表情和孩子挥手告别，果断离开。这个时候，父母一定要信任孩子有能力从负面情绪中恢复、开始新的生活。

● **"分离三步曲"果断送园**

送园过程中，父母准备将孩子交到老师手里时是孩子情绪爆发的最高点，此时父母可以按照以下三个步骤进行，将孩子果断送园。

第一步，提前预告。在离幼儿园门口还有一段距离时，和孩子一起看着其他孩子入园，并在此时告知孩子要入园了，让孩子做好心理准备。孩子此时开始会有情绪波动，可能会开始哭泣，这时可以和孩子约定再停留3~5分钟。

第二步：微笑吻别。约定时间到了之后，就带着孩子逐渐走近幼儿园，同时要观察孩子情绪，只要不是哭得太厉害，就坚持下去。等到了幼儿园门口，父母微笑着和孩子亲吻道别，告诉孩子，下午五点会准时来接他回去。

第三步：果断离开。父母保持镇静稳定的状态，将孩子交到老师手中，然后果断离开。

绘本推荐　《爸爸妈妈别担心》《幼儿园里我最棒》

6 接园后如何给孩子补充心理能量

堆积了一天的负面情绪需要充分释放，亲密游戏可以重建亲子联结，为孩子的"能量之杯"补足能量。

> **案例**
>
> 牛牛妈妈发现，自从牛牛上了幼儿园，回家后脾气变得很大，爱哭、爱发火，稍有不顺心就会大喊大叫。晚上，牛牛必须要妈妈哄睡，睡着后有时候还会哭醒。牛牛妈妈问过幼儿园的老师，孩子在幼儿园的状态挺不错的，不知道为什么回到家后就像变了个人。

儿童心理学解读——接园后能量蓄杯

劳伦斯·科恩（Lawrence Cohen）博士提出了"蓄杯理论"，他认为每个孩子生来都带着一只空杯子，而为人父母的责任就是不停地往里面填满爱。当孩子的杯子被填满时，他就是快乐的、安静的、乐于合作的。相反，始终怀抱空杯子的孩子，总是闷闷不乐、异常淘气，甚至连睡觉也不踏实。

孩子在幼儿园堆积了一天的负面情绪，会在回到熟悉、安全的家中后表达出来。孩子的表达往往是通过具体的行为：耍赖、发脾气、又喊

> 又叫、扔东西、踹门、黏人、找茬、胡搅蛮缠、不说话、不理人等。父母既要在分离的时候提供情绪安抚和精神支撑，也要在重逢的时候提供情绪释放和心理修复。

不管是父母去上班还是孩子去幼儿园，分离都会影响孩子的安全感。对分离的恰当处理可以修复孩子内心的伤痛，让孩子重建内在的安全感。每一次分离包含了分开和重逢。分开时，孩子或父母容易有情绪，因此这部分比较受重视，但是重逢时的修复却容易被忽略。从对孩子的长远影响来看，重逢时的修复也具有重大的意义。

01 父母的不当做法

● 忽视、不做任何的心理修复

很多父母觉得跟孩子分开或者送孩子入园时很揪心、很困难，特别关注怎样让孩子平静地告别、去幼儿园，而见到孩子、接孩子时，因为情绪困扰没那么大，所以也不怎么在意。不少父母会忽视跟孩子的重逢，不对孩子进行任何的心理修复，想当然地认为见面就开心了。而孩子此前堆积的负面感受会一直存储在心里，得不到有效处理。父母需要理解的是，上了一天幼儿园的孩子，在这一天里他感受不到父母的爱，失去了熟悉的安全感、归属感、掌控感，孩子内心的正面感受逐渐消耗殆尽，所以父母需要做好重逢后的心理修复。

● 消极暗示、传递消极信息

很多父母在见到孩子或者把孩子接回家后，出于担心和关心，特别爱问孩子下面这些问题：

"你今天哭了吗，哭了多长时间？"

"妈妈走了以后，你是不是一直哭？"

"你吃饱了吗，有没有尿裤子？"

"老师对你好吗，批评你了吗？"

"你跟小朋友玩得好吗，打架了吗？"

这样的问题里包含着很多的焦虑、担忧，既有对其他看护人和环境的质疑，也有对孩子适应能力的不信任。父母要避免这种沟通方式，避免向孩子传递消极的信息，对孩子形成消极暗示。父母对其他看护人以及孩子所处新环境的不信任会传递给孩子，让孩子感到：离开父母后就可能有危险；其他人可能没有能力照看好他，他会得不到保护和支持；幼儿园是个凶险的地方，是不安全的。

02 父母的恰当应对

● 准时出现，主动表达想念

年龄较小的孩子或者缺乏客体恒常性的孩子，在外在世界中跟父母分开之后，内心会觉得对方完全消失、彻底不存在了，无法保持一种稳定的亲密感和信任感。如果父母与孩子分离时约定与孩子重聚的时间，并且履行承诺，孩子就会产生安心等待的信心。不管是下班或出差回家，还是去接园，父母要按照和孩子约定的时间准时出现，用语言和身体动作向孩子传递这样的信息：我好想你；我知道分开的这一整天你过得很不容易；真开心又见到你。因此，父母见到孩子之后可以这样说："宝贝，真高兴见到你！我非常想你。"孩子需要父母主动表达对他的想念，这样他才能确信，分开的时候父母依然是爱自己、想念自己的。

● **理解异常行为背后的情绪**

有些父母发现，重逢后孩子有些反常的行为，比如一不满足要求就哭闹发火。当孩子有这些行为的时候，实际上是在表达情绪，他在表达堆积了一天的难过、紧张、害怕、焦虑、委屈等不良情绪，父母需要帮助孩子把这些情绪宣泄和释放出来。

● **安抚孩子的消极情绪**

孩子所有的情绪和行为都是在表达：我有一些难以承受的糟糕感受，我需要帮助。在理解和接纳这些表达的基础上，父母才能有效地提供安慰。安抚孩子消极情绪最简单的方法就是：温柔的目光、表情、语调，温暖的拥抱、抚摸、亲吻。

当孩子哭闹时，父母可以把他拥抱在怀里，贴着他的脸，轻轻抚摸他的头或者拍拍他的背。

当孩子发脾气时，父母保持温和的态度，阻止孩子的不恰当动作，比如摔打等，平静地拉着他的手，看着他和他沟通。

当孩子哼哼唧唧时，父母要保持耐心，去理解并引导他说出自己的感受和想法。

当孩子无理取闹时，父母要保持冷静，不着急评判，站在孩子的角度尝试寻找原因，并给予温和的爱抚和有条件的许可。

当孩子哭诉不喜欢、不愿意去幼儿园时，父母可以和孩子共情，表示理解和认同，最简单的语言回应就是：是呀、我知道、确实是的、妈妈理解、就是的。当然，也可以跟孩子说："妈妈知道宝宝现在还不熟悉、还没开始喜欢幼儿园。妈妈爱宝宝。"

对于孩子表达出来的任何情绪，父母都要接纳、允许，让孩子充分地表达出来，并通过安抚帮助孩子释放情绪。

● 对孩子的行为设置合理界限

当孩子出现不尊重的、有伤害的或者有违规则的行为时，父母需要对孩子的行为设立边界。例如，孩子心情不好，可能会要求父母，"我还要再吃巧克力，我要吃糖，给我买……"等，对这些超出规则的要求，父母需要保持坚定，"明天可以吃，但今天的吃完了""下次再过节日的时候我们可以买"。孩子的心愿不能如愿时，会再次哭闹，父母可以给予温和的目光和温暖的拥抱。当孩子打人踢东西的时候，父母要温和地制止，提醒他可以跺跺脚、吼一吼、打枕头、撕纸片、向玩偶倾诉等恰当的方式来发泄。

当然，对于孩子的哭闹、发脾气、无理取闹，父母还可以用游戏的方式来转移孩子的注意力。但需要注意的是，当孩子心情很糟糕的时候，不要转移他的注意力，要先让孩子充分地释放。这个时候，如果用幽默搞笑的方式逗孩子开心，只会让孩子感觉父母根本没看见他的感受或者根本不在意他的感受。

● 通过角色置换游戏和假想游戏释放情绪

孩子会本能地把真实生活中的困扰代入到游戏中，并在游戏中进行处理，最终解决这个困扰。孩子会在游戏中反复上演他所遇到的困扰，并去理解这个过程、化解情绪，这是孩子的本能。所以，角色置换游戏和假想游戏是帮助孩子释放内心积压的负面感受的有效方式。

角色置换游戏： 孩子和父母互换角色。比如孩子演妈妈，我们来演孩子，我们扮演的孩子可以是要去幼儿园时的孩子，也可以是因为上班要被父母留在家里的孩子。扮演孩子的父母要演出因为要去幼儿园而伤心难过的样子，跟孩子哭喊着说："我不想去幼儿园，我害怕，我想妈妈了怎么办。"父母越是认真地演不想上幼儿园，孩子也就越能入戏，会把父母对他说的话重复出来，"宝贝我也会想你的，我一定会来接你的"。这个游戏过程中，孩子把父母对他说的话又消化了一遍，而且是主动的，孩子也在情绪上找到了平衡。虽然是假的游戏，但是它改变了孩子的内心状态，产生了真实的影响。

假想游戏： 父母可以和孩子玩"不上幼儿园"的假想游戏。比如孩子不想上幼儿园，那父母就可以说："我们来玩'不上幼儿园'的游戏吧。要是明天你不上幼儿园，我也不上班那该多好，我们一起去开飞机吧，谁来当飞行员？"孩子可能会说："我来当！"父母可以继续："好的，我们开着飞机飞上天空了，你都看到了什么，我们现在飞到哪里了？"假想游戏能够让孩子的心愿在游戏中得到满足，让孩子获得替代性的心理满足，从而缓解负面的感受。

● **用亲密游戏重建亲子联结**

在分离一整天后，孩子需要确认爸爸妈妈依然爱他、想念他、需要他。这项确认并不简单，父母需要全身心地和孩子待在一起，让孩子从心里感受到来自父母的亲密联结。所以，父母要将晚上作为和孩子共度的特别时光，离开手机和电脑，全身心地、高质量地陪伴孩子。父母可以陪孩子玩各种游戏，其中亲密游戏尤为重要。亲密游戏是指能向孩子传递"我非常喜欢你，我很想你，我想和你待在一起，和你在一起特别开心"的游戏，并且游戏中有亲密的肢体接触。

亲密游戏①： "黏着你"游戏——在此游戏中，由父母主动去黏着孩子。玩的时候，父母可以像个孩子似的说："我最喜欢你！我永远不会让你走的！"还可以进一步说："我想去上厕所，可是我还是要黏着你，我们绑在一起去厕所。我该刷牙了，可是我还是要黏着你，我们连在一起去刷牙。"通常，孩子会很喜欢这个游戏，因为他的角色被置换了，换成父母来黏着他，而不是他黏着父母。很快，孩子就会尝试从父母身边溜走，然后父母要假装很难过、很着急地想要找到他，然后继续黏着他。孩子天生想要和父母黏在一起的情感可以在游戏里得到满足，而跟父母分离的那种焦虑也会在亲密游戏中得到释放。

亲密游戏②："烤鱼"游戏——父母坐在床上，孩子躺在面前，父母摸着孩子说："我钓上来这么大的一条鱼，瞧瞧这条鱼，多么鲜美。现在我要开始制作香喷喷的烤鱼啦！"然后开始前后翻滚孩子，同时嘴里发出"呲呲"的声音，还可以假装为"烤鱼"撒上盐、抹酱料……父母可以自由发挥，一边抚触孩子一边模拟烤鱼。"烤完"之后，父母就用手指当作筷子，轻轻地碰触孩子的身体，假装夹起鱼肉品尝"烤熟"没有。"烤熟"之后，父母就用嘴巴亲吻孩子的皮肤，假装十分夸张地享用美味的"烤鱼"。

亲密游戏中包含三个很重要的元素：父母和孩子在一起，父母和孩子有肢体接触，亲子之间亲密而欢乐。父母不仅在向孩子传递爱的信息，用爱来抵御焦虑，也在激发孩子的积极情绪，以平衡孩子的分离焦虑。

分离是每个孩子成长和适应之路上必要的一步，父母需要重视分离后的心理修复，帮助孩子缓解焦虑、抚平伤痛，让孩子灌满力量，积极面对未知的生活。如此，孩子的内心就会对父母的爱充满了信心和信任，他会相信在需要的时候父母会出现，给予自己照顾和支持，也相信不管是分离还是在一起，父母都是爱自己的，自己是个值得被爱的好孩子。这样的孩子有着充足的安全感，也有力量面对未来的各种挑战。

绘本推荐　《魔法亲亲》《我不要去幼儿园》《手心里的亲亲》《我永远爱你》

> **专题** **爱的序位：夫妻关系要优先**
>
> 夫妻关系是家庭里的第一序位，它应当高于亲子关系。在家庭中如果夫妻关系是家庭的核心，那么这个家庭就会稳如磐石。所以，夫妻关系是"家庭的定海神针"。在良好夫妻关系的滋养下，彼此有更好的情感支持，也就更有能量、有更好的状态去高质量地回应孩子，这对于孩子形成安全型依恋是非常重要的。而夫妻关系不佳的家庭中，父母会跟孩子过分纠缠或者冷漠疏离，这都不利于孩子的身心成长。研究已经证实，在成长过程中看到父母之间冲突、冷战甚至暴力越多的孩子，日后出现偷盗、酗酒、犯罪、厌学、抑郁和焦虑等情况的概率越高。

很多家庭，在有了孩子之后，家庭的中心就变成了孩子。父母的心里、眼里都是孩子，时刻关注和追随着孩子，心思被孩子占据得满满当当，夫妻之间却越来越远。有的妈妈会说："每天光操心孩子都要累死了，已经顾不上老公了。""老公像是个隐形人，家里根本指望不上他。"有的爸爸会说："没办法，工作太忙，要养家糊口。""有了孩子，老婆根本看不到我。"大家共同表达的是，有了孩子后，夫妻之间由于种种原因变得疏远，不像之前那样亲密了，甚至还会有很多抱怨、争吵和激烈的冲突。总之，亲子关系成为了最重要的关系，它排在了首位，远远高于夫妻关系。

"家族系统排列"的创始人伯特·海灵格（Bert Hellinger）发现了人际关系中的一些非常重要的秩序，他称这些秩序为"爱的序位"。他告诉我们，爱是建立在秩序里的，爱在秩序中得到成长，正如种子安置在泥土才得以成长和发育。唯有我们尊重爱的秩序，爱才能成功。而爱的序位中有一个重要原则，那就是在任何关系中都要遵循先来后到的法则，先来者较后到者有更多的优先权。在一个家庭中，夫妻先来，孩子后到，孩子之所以会出生，是由于夫妻二人的相爱与融合。因此，夫妻关系要永远高于亲子关系。

当亲子关系高于夫妻关系时，夫妻会把孩子放在伴侣之上，关注孩子的时间远比关注伴侣的时间多，优先满足孩子的需求却对伴侣的需求经常性地忽略。

导致"亲子关系高于夫妻关系"这种现象的原因有很多，比如：妻子在丈夫那里感受不到足够的关心，便通过孩子寻求温暖；丈夫发现改变妻子太难，觉得还是塑造孩子更容易，于是父子之间很要好，妻子却被排斥在外；有些夫妻在多次争执之后，干脆放弃经营夫妻关系，把焦点放在孩子身上，希望和孩子能够拥有更紧密的关系，以弥补亲密关系中的挫败感；还有一些夫妻在有了孩子之后，特别希望通过孩子弥补自己过去没有得到的重视和关爱，因此一切以孩子为中心，围绕着孩子打转，而不再重视自己和伴侣的关系。很多父母会认为，自己把关注的焦点放在孩子身上，全心全意地爱孩子，这样做有利于孩子的成长。殊不知，当违背了爱的序位时，家庭往往会出现问题，而孩子也会受到波及。

01 亲子关系高于夫妻关系时的消极影响

● 家庭气氛差

夫妻之间有可能会因为沟通和交流越来越少，导致彼此之间越来越远，对于对方的欣赏和肯定越来越少，嫌弃、厌恶和失望越来越多，从而夫妻关系恶化，或冷战或热吵。这样的状态必然会使家庭气氛变得冷漠、紧张，孩子生活在这种家庭氛围中，很难专注地投入到自己每个阶段的成长任务上，比如学习、交友。经常有这样的案例：一对夫妻闹离婚，孩子开始厌学、逃学；在父母离异之后，孩子出现游戏成瘾；父母总是吵架，孩子出现抑郁症状。当夫妻之间没有良好的关系时，家庭氛围一定不是温暖平静的，这必定会对孩子的正常发展带来扰动。

● 孩子出现身心问题

有时候，人们会认为夫妻间的关系只是夫妻二人之间的，与孩子无关，孩子不会受到影响。其实就算父母各自对孩子依然如故，但他们对彼此的态度也会落在孩子眼中，孩子对父母之间的情感是很敏感的。当孩子感受到父母关系出现裂痕时，他的内心会很不安，害怕自己失去完整的家庭，所以，通常这样的孩子会缺乏安全感。此外，当父母之间出现问题时，孩子会本能地认为是自己的错，总会在自己身上找过失，这也会造成低自尊和不健康的心理状态。孩子还会想要通过自己表现出各种问题来挽救家庭，比如身体疾病、心理问题、品行问题等，其实这些都是孩子在潜意识里试图用自己的方式让父母停止战火，共同关注他来保持家庭完整。

● 家庭位置错乱

当家庭里充满矛盾和冲突的时候，人总是会想要逃避。比如丈夫以工作为由晚回家、以加班为由不回家时，其实是逃避到工作中以回避矛盾。当父母当中的任何一方不在位置上时，对孩子来说都是缺失。现在的家庭中更为常见的是父亲的缺位，于是，孩子就有了一位"缺席"的父亲和一位"焦虑"的母亲。母亲在抚养儿子的时候，有时因为丈夫的位置缺失，会不自觉地将儿子放在丈夫的位置上，希望儿子关心自己、保护自己，会对孩子说，"你是我的全部""你比你爸爸好多了""妈妈只有你了"等。这样的互动关系，其实把孩子推到了"伴侣"的位置上，这对孩子是一种压力和伤害。另外，当父亲主动或被动地成了家庭中的"隐形人"时，家庭中只剩下母亲孤军奋战，母亲会陷入各种负面情绪里，用让人窒息的爱和焦虑将孩子裹挟，造成母子之间的过度依赖、过度控制。这种家庭位置的错乱，会让孩子时常陷入情绪旋涡当中，成为夫妻关系和家庭问题的牺牲品。

02 增进夫妻关系的恰当做法

如果把家庭看作是建筑，那么夫妻无疑就是家庭的建筑师。这个建筑的质量如何，比如是否稳固、安全、美观、舒适、温馨等，取决于夫妻双方及家庭成员的共同努力。而这需要夫妻双方学习和了解关于营造良好关系的重要知识和技能。那么，应该如何增进夫妻双方关系、提升亲密度？

● 善用爱的语言

美国婚恋辅导专家盖瑞·查普曼（Gary Chapman）提出了"爱的五种语言"。

爱的第一种语言：赞美。

每个人都需要赞美，夫妻之间要学会经常性地赞美对方、肯定对方，而不是时刻盯着对方的缺点，讽刺挖苦对方。丈夫赞美妻子，能让妻子情绪愉悦，给婚姻养分；妻子赞美丈夫，能给予丈夫鼓励和支持，激励他成为一个好老公、好爸爸。

爱的第二种语言：礼物。

夫妻之间在一些重要的日子或者节日里，彼此为对方送上一份礼物。礼物是传递心意的一种方式，能让伴侣之间感受到自己是被对方在意和重视的。用心的礼物是促进感情的催化剂。

爱的第三种语言：陪伴。

除了陪伴孩子，夫妻之间也要给对方留出时间，全心全意地陪伴对方。比如约定好每天晚上临睡前沟通一刻钟；每个月夫妻单独有一次娱乐活动，陪对方做一件对方感兴趣的事。在陪伴的时间里，暂时放下孩子，让对方感受到全部的关注，这能够让夫妻之间更加亲密。

爱的第四种语言：服务。

为对方做一些具体的事情，以表达支持。比如当丈夫忙碌了一天，妻子可以为他按摩十分钟；当妻子加班回到家，丈夫可以给她挂上外套、递上拖鞋。观察对方的需要，然后为对方做出服务，这是关怀体贴对方的一种表现。

爱的第五种语言：身体接触。

身体接触是人类感情沟通的一种方式，也是爱的表达的有力工具。夫妻之间要常常做出身体接触，用牵手、亲吻、拥抱、抚摸来表达爱意。

● "5：1" 互动法

科学表明，在一段愉快的人际关系中，积极互动与消极互动的比例约为5：1，如果积极互动太少，就会难以平衡消极互动，这段关系就会变得不愉快、不健康。因此，为了保持积极的情感关系，夫妻在关系互动中要遵循5：1规则。一是尽量让正面互动更多。二是如果每出现1次负面互动，那么接下来就要想办法通过正面互动来做关系修复，弥补性的正面互动应该达到5次甚至更多。比如，小雪妈妈因为被请家长跟小雪爸爸起了争执，否定和指责了他，冷静过后小雪妈妈做了这样几件事情：给爸爸做晚饭、在爸爸看书的时候贴心地送来一杯水、主动跟爸爸沟通、向爸爸表达歉意、感谢爸爸做出的贡献、拥抱爸爸跟他道晚安。夫妻二人和好如初，第二天，小雪爸爸下班后非常积极地陪小雪写作业、陪母女俩聊天。保持5：1的比例，是有效维护夫妻关系的法宝。

夫妻关系高于亲子关系，并非要忽视孩子。当夫妻之间关系和睦时，才能为孩子建造一个安全温暖的房子，并将满满的爱传递给孩子。心理学家曾奇峰形容夫妻关系是"家庭的定海神针",所以要想营造一个健康的家庭系统,必须将夫妻关系置于家庭中最重要的位置。

● 高质量的沟通

很多夫妻的日常互动会淹没于家庭事务中,缺乏有效的、高质量的、带有情感的沟通交流。每对夫妻至少要保障一个月一次的情感交流、一个季度或者半年一次的深度沟通。在这些沟通交流中夫妻二人要聚焦在感受层面上,花些时间认真、耐心地倾听对方。邀请对方谈谈最近的压力、烦恼;谈谈近期取得的一些成就;谈谈令自己遗憾的事情和未来的具体规划;谈谈对家人的期待和个人的生活梦想。在对方分享的时候,要保持耐心和专注,不打断、不评价,让对方的想法和感受充分地呈现出来。深度的情感沟通,可以让夫妻二人的心更加靠近,体会到彼此的亲密、信任,这对于关系的维护是非常有效的。

● 婚姻咨询

夫妻是两个独立的个体,相处的时候难免有冲突,但冲突不是问题,如何处理冲突才是问题的关键。比如有的夫妻会吵架,但是不会让彼此伤心、绝望,不会给孩子带来很大的心理阴影;有的夫妻虽不会吵架,但是冷暴力让彼此失望透顶,让孩子战战兢兢地生活在恐惧和压抑中。假如夫妻之间确实有一些矛盾是双方解决不了的,有一个非常有建设性的方法,那就是婚姻咨询。婚姻咨询不代表婚姻是糟糕透顶的,反而体现的是夫妻二人愿意为关系改善而努力的决心,反映的是对婚姻和家庭的重视。尤其是在当今社会,每个人都承受着很大压力,所以有必要采用婚姻咨询的方式来守护这段关系,为彼此的情感和整个家庭的温暖和谐注入新的力量。

> **书籍推荐**　《爱的艺术》《爱的五种语言》

第二章

习惯的力量

让吃饭成为本能

睡眠也需要仪式感

家务活到底有多重要

催促和着急反而会让磨蹭驻扎

电子产品成瘾的孩子，原来缺了这些

阅读是让孩子变聪明的最好方式

古罗马诗人奥维德说:"没有什么比习惯的力量更强大。"人每天所做的事情并非都是深思熟虑的结果,其中40%是习惯的产物。习惯一旦形成,大脑便进入省力模式,人可以不用思考就继续每天在做的行为。因此,习惯的力量在于其可以在不经意间引领人的思想和行为,使人减少思考时间、简化行动步骤,从而更有效率。比如早起刷牙,人一起床,就能想起刷牙这件事,在卫生间照镜子,就会自动拿起牙刷,开始刷牙的一系列动作,这个过程自动发生,不需要仔细思考,就能按部就班、自动化地进行。但习惯也是一把双刃剑,由于自动化地产生行为,会让人封闭、保守、自以为是、墨守成规,尤其有了一个坏习惯的时候,比如晚睡、拖沓,坏习惯也会让人陷入行为自动化产生的进程中,明知这样不好,却总陷入其中,难以突破。

在每个人身上,都是好习惯与坏习惯并存,好习惯提高了获得成功的可能性,而坏习惯却是成功路上的"拦路虎"。人生就是一场好习惯与坏习惯的拉锯战,把好习惯坚持下来就意味着踏上了成功之路,因为好习惯一旦养成,便会自然地持续下去,从而成就一生。

那么，该如何培养好习惯呢？

其实，习惯的培养路径都是一样的，无论是好习惯还是坏习惯，都遵循习惯形成的规律，它是大脑形成习惯回路之后的产物。

美国作家查尔斯·都希格（Charles Duhigg）在他的畅销书《习惯的力量》中阐述了习惯回路的形成。人的大脑皮质分为新皮质和边缘皮质，习惯的神经回路包括线索、行动和奖赏三个部分，是由新皮质经学习而获得的。他在书中以小白鼠学习迷宫路线为例阐述了习惯回路的形成。

实验员将一只小白鼠放在迷宫门口，当迷宫的大门打开时，小白鼠被吓一跳，这时新皮质就记住了迷宫事件的线索。站在大门前的小白鼠隐隐闻到了迷宫里有巧克力的香味，于是走进了迷宫。迷宫线路复杂，小白鼠在迷宫里不断地探索路线，争取尽快找到巧克力，而新皮质则记住了路上所探索出来的迷宫结构，也记住了自己走迷宫的行为。最后，在小白鼠的不懈努力之下，它终于找到了巧克力，获得了奖赏。至此，习惯回路的三要素：线索、行为、奖赏都已具备。那么此时是否形成了习惯？还没有。一个习惯需要不断地练习，把这条习惯的神经回路固定下来。开始的几次走迷宫，小白鼠还需要适度的探索，随着练习的次数增多，小白鼠走迷宫变得越来越熟练，后来，只要迷宫门一开，它就会冲进去，一路小跑着找到巧克力。此时，新皮质不需要对走迷宫的过程进行思考，它已经记住了所有信息，只要一出现线索（迷宫开门），就会直接调用记忆中正确的迷宫路线，这说明习惯的神经回路已经形成。

因此，一个习惯养成之后，它会在相应的情景中自动发挥作用，是不需要太多努力的自动化过程。当养成好习惯时，就会科学、合理、高效地自动处理相关的信息和事物，为个体的发展逐步积累、奠定基础。比如，有良好阅读习惯的孩子，会从阅读中获得快乐，从而又推动他阅读，通过不断的积累，形成良好的文字功底和娴熟的语言能力。

此外，习惯养成如果能从婴幼儿时期开始，则最为容易，也最持久。因为0~6岁大脑飞速发育，大脑发育的主要内容就是在神经层面形成广泛的神经连接，此时建立的好习惯会在广泛的神经层面稳定下来，并保持长时间的运转，从而形成稳固的习惯行为，这种习惯往往会持续一生，并且难以忘记。而到成年之后，再去培养习惯就会难很多，因为本身已经养成了一些坏习惯，需要先改变原有习惯再养成新习惯，不仅难度更大，效果也更不稳定。如果孩子在婴幼儿时期能养成好习惯，这些好习惯将能为其受用一生，成就孩子更好的未来。

1 让吃饭成为本能

当孩子不好好吃饭时，父母不要忽视孩子的敏感味觉，不要用自己的身体需求替代孩子的身体需求。放下焦虑，通过游戏互动让吃饭成为本能。

案例

乐乐每次吃饭都好像在上演一场家庭大战，到了吃饭的点，他还在饶有兴致地玩着玩具，妈妈喊好多遍他都不会坐到饭桌上来，最后妈妈总是用吼的方式把他叫到饭桌前，刚一坐下，乐乐就开始一脸不乐意地挑剔，"我不想吃这个菜"，妈妈左哄右哄，乐乐终于吃了一口，结果刚吃到嘴里就恶心地吐了出来，还拿着筷子敲敲打打。这时候妈妈的脾气终于控制不住了，"不愿吃就别吃了，天天吃个饭这么费劲"，结果乐乐"哇"一声哭了，妈妈不忍心，继续哄吃饭，终于40分钟后总算把饭吃完了。

孩子吃饭问题令很多父母都特别头疼，为了让孩子营养均衡，妈妈有时候使出浑身解数做了各种美味，结果吃饭时孩子依旧不领情，各种挑食、折腾。有些老人怕饿着孩子，也是想尽一切办法让孩子多吃几口，有的追着喂饭，有的边吃饭边给孩子看电视、讲故事或者玩玩具。

儿童心理学解读
——饭桌上的条件反射

上例中的乐乐每次吃饭都会把妈妈激惹到发火，慢慢地就形成了这样的一种条件反射：吃饭与不愉快情绪联结，吃饭是痛苦的，吃饭意味着吼叫和批评，所以提到吃饭时孩子就会联结到不愉快情绪。胃肠道是情绪的第二大脑，当孩子情绪不好时是很难有胃口的，所以再坐到饭桌上时就会更加不合作。这时候，妈妈需要改变这个条件反射模式，逐渐培养孩子形成吃饭与愉快情绪联结的条件反射。这就需要在吃饭前、中、后的各个环节营造一种愉快的氛围。

进餐的规律性也是影响儿童食欲和消化功能的重要因素。规律的进餐可以让孩子胃肠道及内分泌系统建立适应进餐的调节反射，并让孩子体验饥饿、获得饱足感。

越来越多的父母认识到吃饭是一种本能，是自然发生的，不用担心孩子会饿坏自己。

但有些父母还是会因为孩子挑食而强迫其吃饭。有研究提到，有些人挑食是因为他们的味蕾种类和数量相对较多，或者他们的感觉器官更加敏感。当孩子出现挑食现象时，父母头脑中出现的第一反应就是挑食会影响孩子的身体健康。于是父母将所有的关注力都放在让孩子改掉挑食的坏习惯，却忽略了是由于自己对孩子成长中出现的挑食问题不够了解，导致对孩子挑食行为产生错误认识，从而做出了不当指导行为的事实。其实有时候接纳反而会减少孩子的挑食行为。

人天生就有一种反抗命令的本能，对他人的命令可以敏锐地觉察，当意识到自己被控制时就想要去反抗，特别是对于2岁之后自我意识增强的孩子。所以有时父母越是通过强硬的方式试图去改变孩子，孩子反抗的力量就会越强大。

01 什么影响了孩子正常吃饭

● 孩子的生理特征及气质特点

儿童饮食行为的形成与生物因素有关，如神经、肌肉的发育，味觉、嗅觉的发育，消化、吸收、代谢功能的发育，以及气质类型。

孩子对陌生人、新环境或新事物，最初的反应是接近还是退缩，是由孩子的趋避性气质特点所决定的，趋避性高的孩子对于变化很难接受，容易排斥初次接触的食物。

● 食物的某些特性及烹饪方式

有研究发现，存在挑食、偏食行为的孩子一般不喜欢外观奇特、有特殊气味的蔬菜，如芦笋、茼蒿、蘑菇、木耳等。

● 父母的教养方式

有些父母看到孩子自己吃饭，把饭弄得脸、手上、桌子上到处都是的时候，就会主动喂孩子。有些父母会追着喂孩子，忽略其吃饱的行为信号。这些都会影响孩子的进食行为。

● 父母的焦虑情绪传递给孩子

受到"营养影响大脑发育和智力"的影响，很多父母总觉得自己的孩子太过挑食、吃得太少，担心孩子的智力发育和身体发育，于是就会在孩子吃饭问题上过于焦虑，不太关注孩子吃饭的感受，把吃饭变成了一项任务，不给孩子机会去探索身体的感觉。比如，在饭桌上父母不断劝说孩子吃饭，甚至训斥他，让孩子感受到吃饭是一种强制、紧张的事情，而不是自主、愉快的事情。

02 让孩子愉快吃饭

● 吃饭前如何叫孩子吃饭

孩子在玩游戏时容易沉浸其中，这与孩子注意力的发展有一定关系。所以在叫孩子吃饭时要给予他一个心理缓冲期，让孩子有充分的心理准备，这样从游戏中抽离出来时就不会带有负面情绪，接下来的吃饭过程才可能更加愉悦。具体可以这样做：在开饭之前的10分钟提醒孩子，"开车游戏看起来很好玩，但我们还有10分钟就要吃饭了，你还可以玩10分钟"，5分钟后再次提醒孩子，"我们还有5分钟就要吃饭了，一会儿要跟汽车暂时告别，吃完饭再继续玩"，还差1分钟的时候走到孩子身边，"现在要跟汽车再见了，一会儿你们又可以见面了"，这样一个循序渐进的过程给了孩子充分的心理缓冲，同时孩子也感受到了父母对他情绪的关注，一般情况下，孩子会愿意坐到餐桌前面来，但有时候孩子会央求再玩几分钟，父母也可以灵活处理。

很多孩子对时间没有什么概念，可能不喜欢这种提醒的方式，每次一听到"吃饭"二字时就会很焦虑，父母不妨把自主权交给到孩子："宝贝，你还要玩多久来吃饭？10分钟还是20分钟？到点了妈妈怎么提醒你？"

叫孩子吃饭还可以用一些更加有趣的东西把孩子的注意力从正在玩的游戏中吸引过来。比如约定的吃饭时间到了之后，拿一个毛绒玩具到餐椅上，给毛绒玩具塞一把勺子，"哇，快看，小兔子拿着勺子喝汤呢，洒了一肚子汤，还是我们宝贝厉害，早就会用勺子了"。

● **让孩子参与做饭过程**

不知道你有没有这样的体验,更倾向于吃自己做的饭菜,认为自己做的更好吃,而且会更愿意把它吃完。每个人都有自恋的倾向,特别是孩子。

如果孩子挑食,不妨让孩子参与到做饭的过程中。小一点的孩子可以让他帮着择菜、洗菜(只是象征性的),大一点的孩子可以尝试切菜、炒菜。因为自己参与其中,更有成就感,也更有主动性,自然更配合吃饭这件事。

● **吃饭时用游戏思维增强愉快体验**

父母可以利用空闲时间和孩子一起读经典绘本《肚子里有个火车站》,绘本塑造出了一群帮助食物消化的小精灵,在肚子里游行示威、罢工抗议……用生动活泼的方式,让孩子了解自己的消化系统。我儿子从1岁开始看,到现在5岁了,依然非常喜欢,还时常拿出来翻看,吃东西的时候也总会想到小精灵。

如果孩子挑食,父母可以和孩子在读完这个故事后,带着对小精灵的画面感做很多想象性游戏。

比如父母想让孩子吃一片莴笋,可以和孩子很夸张地、边表演边说:"小精灵在肚子里好无聊啊,要是能玩儿滑板就好了。"孩子会很好奇地问:"怎么才能让他玩滑板?"这时候可以夹过一片莴笋给孩子,"这个像不像滑板,吃下去,你的小精灵就有的玩了"。诸如此类,吃土豆丝可以说成小精灵在肚子里荡秋千、跳绳;吃藕条可以说成是小精灵划船;吃米饭说成给小精灵制作沙滩等。每种食物都可以用拟人化的方式表达出来,这样孩子就会觉得吃饭是一件特别快乐的事情。

● **游戏"这个是给小熊吃的"**

两三岁的孩子如果挑食还可以用这个游戏。饭菜做好以后,放到桌子上,假装告诉孩子,"宝贝,这个是给小熊吃的,你可千万别吃啊",然后妈妈可以故意走开，同时让其他家庭成员怂恿孩子尝尝饭菜味道如何。当妈妈回来发现饭菜少了，可以继续游戏，"谁吃了小熊的饭菜，这可是给小熊吃的，宝贝，你帮小熊看着一点儿，我有点事情一会儿就回来"，然后妈妈再次离开。

这个游戏在很多孩子身上十分有效，这是因为两三岁的孩子开始进入第一个逆反期，越是不让他做的事情，他越是要做，所以如果想让孩子做什么事情，可以用正话反说的方式。

游戏要点：妈妈越夸张，孩子越愿意参与游戏，吃得也会更好。

有些父母会担心，这样孩子会不会学会说谎。其实不用担心，因为这只是假装游戏，对孩子品质的培养可以在其他时间进行。

> **绘本推荐**　《美味的朋友》《汉堡男孩》《吃掉你的豌豆》《我绝对绝对不吃番茄》《饭先生和菜小姐》《超级小厨师》《好喜欢吃蔬菜》《我不挑食》

2 睡眠也需要仪式感

尊重不同孩子的睡眠需求，通过一系列小仪式帮助孩子建立睡眠惯例，让规律睡眠成为习惯。

案例

天天每天晚上睡觉都很让父母头疼，明明很晚了，他还是很精神，一点儿困意都没有，还要拉着大人玩儿，让大人陪，实在是很煎熬。暖暖的睡眠也很让父母困惑，到晚上睡觉的时间，暖暖就开始闹觉，明明很困，需要休息了，但是因为睡不着哭着不停地提各种要求。

儿童心理学解读
——睡眠很重要

睡眠影响大脑发育，晚睡会导致海马体积变小、影响大脑皮质功能等。一项研究发现，从2岁开始有睡眠障碍的儿童相比于正常儿童，在7岁时的脑灰质体积更小，在背外侧前额叶区域的皮质也更薄，这提示了睡眠障碍对大脑发育的不良影响。

> 睡眠有助于记忆的形成、储存与巩固。在德国吕贝克大学盖斯（Gais Steffen）等的研究中，在学习单词后第一晚正常睡眠的学生比没有睡眠的在48小时后记得更多单词。
>
> 睡眠影响认知能力的发展。有一项研究发现夜间睡眠效率越高，睡眠时间越长的婴幼儿，其认知能力与解决问题的能力更强。
>
> 睡眠也对情绪调节产生着重要作用。研究表明，早睡的婴幼儿情绪、行为更积极，有更强的社会能力。晚睡（23:00后）的婴幼儿在长大后会表现出更多的冲动行为。

一方面，父母需要了解睡眠对于孩子身心健康发育的重要性，要有培养孩子规律睡眠的意识；另一方面，父母也需要了解孩子独特的睡眠特点和需求，根据孩子的气质特点培养孩子的睡眠习惯。

01 父母的不当做法

● 忽视睡眠环境的重要性

有些父母要求孩子到点就睡觉，但是没有注意到睡眠环境对孩子造成的影响，比如家中灯光明亮、声音嘈杂，只是一味地要求孩子躺在小床上、闭眼睡觉。睡眠的发生需要一些条件，其中包括适于睡眠的环境。

● 父母自身睡眠习惯不佳

绝大多数父母都比孩子睡得晚，有些父母会带着孩子熬夜、晚起，比如晚上自己看电视，也允许孩子看手机，直到深夜才睡。这样的父母不仅没有给孩子树立良好的睡眠习惯范例，反而因为自身的不良睡眠习惯而干扰孩子，让孩子也无法建立规律、有序的睡眠节律。

● **对孩子的要求不一致，让孩子混乱**

如果父母今天要求孩子9点睡，明天又允许孩子10点才睡，每天的要求不一致，就会让孩子感到困惑和混乱，很难清晰地知道自己应该怎么做。

● **无法解读孩子的睡眠信号**

孩子在有困意的时候会释放一些信号，比如眼神游离、打蔫儿、揉眼睛，如果父母能把握住这些信号，及时让孩子睡觉，那么规律入睡就不会太困难。但是，有时候父母可能没有留意到孩子的睡眠信号，或者无法解读孩子发出的独特信号，不理解孩子的这些表现意味着什么，那么就会错过引导孩子睡觉的重要时机。有些孩子在此之后就会变得非常闹、不好哄，或者因为过度疲倦而导致神经兴奋。因此，观察并了解孩子的睡眠信号非常重要。

● **没有给孩子创建睡眠惯例**

建立睡眠惯例非常重要，可以帮助孩子形成规律性的睡眠。很多入睡困难的孩子，是因为家庭里没有睡眠惯例。父母想当然地认为不睡就是不困、困了就该睡，从不觉得睡眠惯例对孩子有多重要。实际上，就算没有一板一眼地把睡眠惯例制定出来，父母也应该心中有数，每天按照睡眠惯例协助孩子入睡。

● **无视孩子的睡眠需求**

不管是吃饭还是睡觉，都是孩子的本能，孩子要"按需睡眠"，而不是按照父母的期待睡觉。如果父母只是一味地照搬育儿书或者按自己的想法要求孩子，就很可能要求一个每天并不需要睡午觉的孩子躺在床上苦熬，或者把需要睡得更久一些的孩子早早叫醒，这些做法都无视了孩子自身的睡眠需求。

02 父母的恰当应对

● 理解孩子的不同睡眠需求

不同的孩子睡眠规律和睡眠需求也不同。有的孩子睡得早,有的孩子睡得晚。有的孩子需要比较多的睡眠,有的孩子需要的比较少。活跃水平高的孩子,往往睡得比较少,需要的睡眠时间短。

睡得晚或者睡得少的孩子,父母可能会担心孩子会不会因为睡眠不足、缺觉造成发育不良或影响智力,有这种担心很正常。一些育儿文章会提出不同月龄或者年龄段的孩子需要多久睡眠时间,这被很多父母当成了标准模板,其实这只是一个参照。父母要做自己孩子的专家,多留意观察孩子平时的状态。判断孩子睡眠是否充足的一个标准就是孩子的精神状态,如果他吃饭、玩耍、游戏等一切正常,那就无须太过纠结孩子睡没睡够标准时间,是否按照标准时间入睡。比如果果一般从晚上十点半睡到早上七点,如果让她早睡,她就会早醒,这就说明她有适合自己的睡眠时长,父母不用过分担心。再比如浩浩白天从不午睡,但状态也是饱满的,那就说明对他来说并不需要午睡。

小孩子相对睡得多些,随着成长,睡眠时间普遍会缩短。睡眠需求少的孩子,可能会白天很少睡觉,也可能会晚上睡得较晚。对于这种情形,父母要充分理解和接纳,不能抱怨或强迫,反之亦然。但是,假如孩子出现了昼夜颠倒,白天睡得多、晚上晚睡或者夜里起来玩,这时候父母就需要帮助孩子调整作息规律。

● 调整孩子的作息和生活规律

孩子白天睡多了,可能会导致晚上不睡。这里的"多"因人而异,比如有的孩子白天睡3小时,晚上照常到点就睡;有的孩子白天睡1个小时,晚上就会很晚才入睡。对于睡眠时间紊乱或者过度晚睡的孩子，父母需要调整孩子的作息和生活规律，要把孩子白天的睡眠时长逐渐缩短，并将晚上的入睡时间提前。

当孩子在白天睡得很沉时，出于调整作息规律的目的，父母可能需要叫醒孩子。叫醒，是有方法和技巧的，不是粗暴地大声喊叫，或者生拉硬拽把孩子弄醒，父母可以循序渐进、一步一步来。比如，先拉开窗帘或者打开灯，让光线进来，房间明亮起来；再制造一些声响，比如轻声说话、播放轻柔的音乐；然后一边抚摸孩子的脸蛋、小手，一边轻声叫孩子，等孩子稍微有些反应之后，再逐渐提高音量，慢慢把他叫醒。如果太过猛烈地叫孩子，可能会导致惊跳反应，当孩子从一个状态转换到另一个状态时，要给他一点过渡时间。有些孩子睡得特别沉，此时已经进入深睡眠状态了，父母就要多尝试，使用各种方法逐渐将其唤醒。

● **创建睡眠状态**

有些孩子临睡前活动量大、过分活跃，导致精神高度兴奋，入睡就会困难。比如有父母提到，孩子到晚上十点多还在和爸爸玩儿，孩子很兴奋，直到十二点多才睡着，这就是因为临睡前过于兴奋造成的。所以入睡前，父母需要为孩子营造睡眠环境、选择恰当游戏、建立睡眠惯例。

营造睡眠环境： 保持灯光昏暗，不要太亮；家里尽量保持安静，不能过于嘈杂吵闹。如果家里其他人不睡觉，容易对孩子形成干扰，所以要先和家人沟通，争取其配合做好睡觉示范，让孩子感受到大家都要睡觉了，自己也要睡了。

选择恰当游戏： 避免在接近睡觉的时段玩兴奋度高的游戏。很多孩子只有等晚上父母下班回来才能见到父母，需要一起痛快地玩耍，如果不给孩子时间和机会释放精力、满足渴望，孩子可能会哭闹、不肯睡觉。睡觉前的游戏要依据时段来定,比如追跑类游戏可以在晚上八点之前进行,八点之后可以选择共读绘本、讲故事、涂鸦、玩积木等能帮助孩子安静下来的游戏。

建立睡眠惯例:父母也许有过这种感觉:每天晚上洗完澡,穿上睡衣,躺上床,打开床头灯,随手翻看一本书,慢慢地睡意就来了,然后关灯睡觉,一切都发生得非常自然。对于孩子来说,拥有一套固定的睡眠惯例,也是十分重要的。建立睡眠惯例有助于培养孩子的睡眠情绪,减少入睡所需时间,并且睡得更安稳。

● 和善而坚定地提供恰当的入睡协助

不少孩子有入睡困难,在困倦时无法自主进入睡眠状态,此时需要父母的协助。但有些父母提供的入睡协助并不恰当,反而会造成恶性循环。比如,父母在孩子哭闹时强制关灯,将孩子独自置身于黑暗中;孩子哭闹不肯睡觉时,任由他独自哭泣;或者在孩子闹觉时做出妥协,任由孩子玩耍等,这些做法都是不恰当的入睡协助。父母要和善而坚定地提供入睡协助。

如果孩子哭闹,父母要给他情感上的安慰,比如抱着他、陪在他身边、轻拍或者抚摸等,要让孩子在这个时候依然能感受到父母的爱。如果父母对孩子的入睡困难表现出不耐烦,孩子可能会对自我的归属感和价值感产生怀疑,从而继续出现不睡、闹觉的行为,借此来试探父母到底爱不爱自己。允许孩子哭,或者在孩子哭时还能让他感受到父母的爱,而不是拒绝和训斥,这就是和善。而坚定,就是提供有效的入睡协助并且坚持执行。

如果父母提供了不恰当的入睡协助,比如允许孩子边看电视边睡觉,那孩子就会依赖这样的方式,从而形成习惯固定下来。下面以糖糖的例子,来看一下父母和善而坚定的入睡协助是怎样的。

糖糖每晚熬到很困了也不睡觉,还要求看动画片,非要在沙发上看到睡着。这期间,她还不让父母提起睡觉的事情,一提就哭,也不配合穿尿不湿、脱衣服等。妈妈是这样做的。

1. 和家人沟通达成共识,晚上的哄睡,由妈妈负责,别人不干涉。

2. 白天的时候,和孩子提前沟通,协商好每天晚上只能看多少集动画片。并且提前告知,晚上几点的时候,家里会关大灯。

3. 晚间安排刺激性小、兴奋程度低的游戏活动。快到睡觉时间时,完成睡眠惯例,比如先喝奶、然后刷牙、讲绘本。

4. 尝试用游戏的方式换尿不湿和睡衣。比如穿尿不湿可以说成钻山洞;穿睡衣时可以就着睡衣的图案编故事,或者让孩子给小玩偶穿睡衣,趁其注意力转移时快速为其换好等。

5. 到约定时间关上大灯,如果孩子哭闹,可以抱着他、跟他共情、在房间里轻轻溜达。如果孩子哭闹得厉害,没法抱起,可以先蹲下来,在旁边陪着,并且平静地跟孩子共情,"没法看电视,宝贝很生气、很伤心,妈妈明白"。稍有缓解的时候,尝试将其抱起;如果没法抱起,继续重复以上步骤,或者躺在孩子身旁、静静地陪伴他。

6. 温和平静地跟孩子表达爱,同时不接受孩子的不当要求。温和地跟孩子重复,"妈妈爱你,妈妈在这里,妈妈陪着你",跟孩子表达爱。如果孩子又提出要求,想看电视,就温和而坚定地使用正面语言告诉他,"今天的2集已经看完了,我们明天晚上可以继续看",孩子被拒绝后会再次哭闹,父母就重复进行共情和表达爱。

7. 重复单一的动作或单调的故事。父母可以重复单一的节奏性动作,比如轻拍、溜达;也可以重复单调的故事,依据孩子的接受程度而定,比如跟孩子讲:"小老鼠去玩耍,碰到了一只大青蛙,又往前走,碰到了一只小松鼠,再往前走……"简单的重复,有催眠的效果。

8. 睡眠惯例用图画描绘出来。孩子正处于秩序建立的敏感期，父母可以借此，通过有趣的绘画把孩子睡前要做的事情以卡通形式画出来，比如火车进站、小鸟回家等，每次临睡前让孩子自己按照画上的顺序去做，几次下来，孩子就会形成习惯。

碰到孩子入睡困难的情况，父母先不要着急纠正他的行为，而是要读懂孩子，透过他的行为看到其需求，尝试帮助孩子建立新的睡眠联想，或者寻找新的哄睡模式、睡眠惯例。

睡眠习惯的改变是需要时间和经验积累的，父母要有耐心，心态上要放轻松一些。过程中，允许孩子有反复，可能没有那么快地适应新的方式，父母的内心状态一定要是接纳、理解、平和的，当父母营造的情绪背景是平静而放松的，孩子会更容易养成规律的睡眠习惯。

> **绘本推荐**　《晚安，大猩猩》《睡觉去，小怪物》《亲亲晚安》《不要睡觉，赛莉》《我不要睡觉》

3 家务活到底有多重要

懒妈妈养育勤快孩子,家务活是培养孩子各种能力的好方式。设置"家务官"和制作"每日家务拼图"让家务活变得更有趣。

 案例

阳阳已经6岁了,父母有时候想让她帮忙做点家务活,比如扫个地、摆下碗筷,但她总是推三阻四,"妈妈我正在玩儿呢""你自己做,我不想去"。大人要是催促她,她就很不乐意。阳阳不仅家里的事情不愿意做,自己的事情也很不积极,玩完之后散落一地的玩具不愿意收拾,绘本、彩笔扔的乱七八糟,总得大人追在后边帮忙整理。妈妈告诉她:"你都快要上小学了,该学着洗自己的袜子、内衣了。"可是她每次都是把袜子往地板上一扔就跑开了。妈妈一抱怨,爸爸就为她申辩:"不就是双袜子吗,你给她洗了呗。闺女还小,玩儿就行了,家务活用不着她。"

在很多家庭里,家务活似乎是父母的事情,与孩子无关。在孩子的成长中,父母会考虑他们的衣食住行,会关注他们的身高体重,也会热衷于培养他们的兴趣爱好,唯独在家务活这方面,父母往往对孩子没什么要求。孩子"玩好、学好",父母就满足了,孩子做不做家务、做家务的能力如何,似乎是跟孩子成长无关紧要的一件小事儿。殊不知,家务活对孩子来说是意义重大的。

儿童心理学解读
——爱做家务的孩子拥有更高的心理健康

多项研究表明,参与家务劳动,对孩子的未来有重要的积极影响:能够锻炼和塑造孩子的责任感、设身处地为他人着想以及关爱他人的能力,也会培养孩子独立、自信、自强的品质,而这些优秀的品质、良好的习惯是让孩子受益一生的财富。

01 孩子为何不爱做家务

在孩子2岁左右,其自主性逐渐发展,也开始有了探索世界的强烈意愿,什么事情都要自己干,此时父母就可以引导孩子做一些简单的家务,比如扔尿不湿、把垃圾放进垃圾桶等。但是,很多孩子在有兴趣做家务时,会被父母妨碍和阻止。随着孩子一天天长大,当父母觉得孩子已经足够大了,应该做点家务的时候,孩子反而变得懒惰、不愿意参与了。

在孩子年幼的时候,做不做家务似乎是无足轻重的,但是等孩子长大一些,如果他不做家务,会被父母评价"懒、眼里没活儿、不知道心疼大人、生活能力差、依赖性强"。一个孩子从"有兴趣"做家务变成了"不爱做"家务,常常是以下原因造成的。

● **父母包办代替、不给孩子机会**

很多父母出于爱和心疼孩子,舍不得让孩子做家务,孩子的各种事务也都包办代替。每当孩子想要做些什么的时候,父母总会说:"你去看书吧,你去玩吧，你不用做这个。"孩子没有机会做家务，慢慢地也就觉得这些事情跟自己无关，长此以往也就逐渐失去了兴趣。

● 父母打击否定、不认可

其实很多孩子起初是有参与做家务、帮助父母的意愿的，只不过在做的过程中，得到的往往不是肯定和认可，而是打击和否定。很多家庭里，孩子每次做家务，父母都会嫌弃、挑毛病，比如碗洗的不干净、衣服叠得不整齐、桌子擦得像没擦过等。孩子在这种负强化中，逐渐对家务活产生出了抵触心理。

● 父母只提要求、疏于训练

有些父母只提要求，只给孩子制定高标准，但是并没有给孩子相应的指导和训练，受到发展阶段和能力水平的限制，孩子在做家务的过程中体验到高标准和低能力之间的落差，这些无法给孩子带来成就感、满足感，所以也就越发不爱做家务。

02 不做家务对孩子的影响

许多父母希望孩子有良好的生活习惯，具备优秀的品质，比如独立、自主、有责任心、体贴、能为他人着想等。但父母也许忽视了做家务对于培养孩子具备上述习惯和品质有多么重要。

有一个神童，在13岁的时候就考上了重点大学，是当地年龄最小的本科生，17岁时考上了中科院硕博连读研究生。本以为前途一片光明，他却在20岁时被中科院退学，原因是生活不能自理独立。进入中科院之前，他的生活一直依赖父母，父母帮他洗衣、洗澡，甚至为其喂饭。到了中科院，离开母亲后，他就像个孩子，无法料理自己的事务，学习上也不能适应独立自主的研究模式，最终被中科院退学。这是一个比较极端的案例，但是从中可以看到，不做家务、丧失自理能力的孩子，就算学习成绩再优秀，未来也无法适应社会。

不让孩子做家务，可能会损害孩子的独立生活能力、自理能力，也可能会让孩子不懂得感恩别人的付出，只是心安理得地享受着家庭里的一切，却不为他人考虑，更可能让孩子变得被动依赖，对自己的事情没有责任感。在很多咨询案例中，我们发现在成年后有巨婴心理的人，不做家务的比例很高。这样的人有以下这些表现。

以自我为中心：活在自己的世界里，一切从自己的角度出发，不考虑别人的感受，事事都要别人优先考虑自己。需要这个世界围着自己转，如果不围着自己转，就会发脾气。

依赖性强：严重依赖他人，需要他人照顾和帮助；在家里什么都不做，一切事情都等着父母做。

自理能力差：不会自我管理，自己的事情不想做、也做不好，在生活中不能很好地照顾自己。

耐受力差：忍受不了等待，想要什么希望立马就得到。

逃避责任：不想承担责任，眼里、心里没有自己该做的事，都是别人该做的事，集体的责任更是能逃则逃。一有问题就责怪外界，抱怨别人，从来不反思自身的原因。

冲动失控：一旦得不到满足、事情不如意、外在的规则与自己的愿望不能匹配时，就会情绪冲动，或者特别低落。

03 让孩子爱上做家务的恰当做法

有一位美国华裔妈妈，她培养出三个优秀的孩子，每个孩子的学习都非常出色，长大成人之后也非常成功。大儿子毕业于耶鲁，攻读物理和心理学，在上学期间就创建了Twitch视频平台，之后以9.7亿美金的价格卖给了亚马逊；二儿子创办了一家公司，研发汽车自动驾驶技术，后来通用汽车公司用10亿美金收购了这个公司；最不起眼的小儿子，也是一位出色的软件工程师。

一家培养出两个亿万富翁，这是怎么做到的呢？商业媒体在采访大儿子和二儿子时，两人都把自己的成功归功于做家务。他们说："做家务教会了我们很多东西，它让我们学会了乐观和坚持，还从'只考虑自己'变成了'组织一个团队去完成一项任务'，学会执行和合作，也懂得了应该如何设立目标。"

做家务，对孩子的好处很多，它是孩子迈向独立、培养自理能力的第一步。但是，有许多父母常常会这样想、这样说：

我的孩子还小，等他再大一些再说。

孩子还没有那个能力，让他做，只会给我添麻烦。

孩子就要开心玩耍、快乐成长，哪有时间浪费在家务上？

其实再小的孩子，也有可以做到的事情，趁着孩子有好奇心、想要尝试、愿意参与的时候，去培养孩子做家务的意愿和能力，是很关键的。否则，等孩子更大一些、已经不感兴趣的时候，父母想让孩子帮忙或者希望孩子偶尔也可以有所贡献时，会叹息："这个孩子怎么不会体谅父母，只顾自己。这孩子怎么会这么懒散，什么也做不好。"

那父母怎样能让孩子喜欢上做家务、养成做家务的好习惯？

可以运用以下的方法和游戏来培养孩子做家务。

● **和孩子一起设计家务清单**

①和孩子一起口头罗列家里的家务活；

②让孩子用画笔画出这些家务活;
③让孩子自己认领其中一项家务,圈上圆圈;
④每天让孩子自己对照家务活清单,父母监督完成情况;
⑤每周父母可以对孩子的家务表现进行点评和鼓励,比如画五颗星或者写一句肯定的话。

- **设置"家务官"**

为了提高孩子做家务的积极性和投入度,可以在家庭里设置一名"家务官",父母和孩子轮流做。"家务官"的职责是,汇总本周的所有家务,制作家务清单,组织家庭成员认领,并监督家庭成员的完成情况,"家务官"也需要认领并承担家务。每周的"家务官"可以不同,父母和孩子轮流做,或者投票选举。为了鼓励孩子做家务,当孩子被选为"家务官"的时候,父母可以举行一个仪式,授予孩子一面奖牌、一个仙女棒、一顶帽子等,告诉孩子这代表着他将成为未来一周的"家务官"。在孩子结束一周的工作之后,父母也可以授予孩子一面小红旗,感谢孩子这一周的贡献。

- **制作"每日家务拼图"**

父母可以跟孩子一起,将本周每天的家务内容分散地写在一张海报纸上,然后让孩子裁剪成不同的形状,一个家务是一块。父母可以跟孩子约定,所有的家务拼图纸都放在一个小盒子里,谁完成了哪一项,就可以拿出哪一张,直到所有人都完成了,就可以一起把拼图组合起来。拼的过程可以请每个人说说哪一块或者哪几块

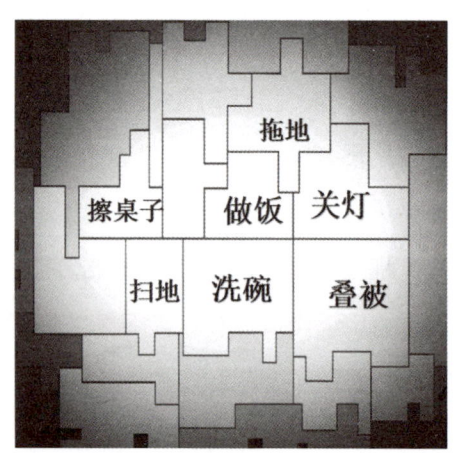

是自己努力做家务赢取的。当完整拼图呈现出来以后，一起欢呼，相约明天继续努力。

在培养孩子做家务的过程中，父母需要注意以下几点。

保持耐心：罗马不是一天建成的，孩子的能力也不是一下子就能培养起来的。父母要有耐心，慢慢训练。如果父母因为嫌麻烦而放弃让孩子练习和训练，孩子永远没有机会做好。

给予指导：家务活在父母心目中可能是小事情，但对于孩子来说可能是不熟悉、有困难的，所以父母要进行手把手教授、亲自演练、旁观指导。当然，指导与训练也要选择时机。可以选择时间充裕的时段对孩子进行指导和训练。

共同参与：父母可以跟孩子一起参与家务活，这个时候，也是难得的亲子共处时光。一起做事、相互帮助，孩子既能享受到亲密，也可以学习做家务的具体技巧，何乐而不为？

> **书籍推荐**　《来帮忙喽！家务小帮手》《扫除大作战》《爸爸做家务》

4 催促和着急反而会让磨蹭驻扎

放下让孩子令行禁止的期待,把主动权还给孩子,表达对孩子正在做的事情的兴趣,孩子可能更能达到你的期待。图画清单法让孩子迅速行动起来。

案例

方方5岁了,妈妈说他总是磨蹭,该吃饭了,喊半天也不过来,该洗澡了,催好几次都不去,起床半天不起来。每次都是催着、吼着,最后终于去了,但下次还是照样磨蹭。

儿童心理学解读
——父母的需求与孩子的需求不一致

美国著名心理学家乔纳森·海特(Jonathan Haidt)在他的著作《象与骑象人》中提出大象与骑象人的隐喻。海特认为,人的心理有两套系统:一套是自动化系统,如同大象;另一套是控制化系统,如同大象背上的骑象人。如果以此来比喻孩子和父母之间的关系的话,孩子是大象,父母是骑象人,骑象人手握缰绳,可以指挥大象前进、停下或转弯。骑象人有自己的需求和想法,想要大象按照自己的方向和需求行动,但是大象也有自己的需求和想法,并不总是听从骑象人的指挥。

> 所以，从需求角度看，磨蹭是因为孩子沉浸在自己感兴趣的世界中：可能在看一本很有趣的书，或者在玩一个已经搭了一半的积木，或者在画一幅画。
>
> 从亲子互动的角度看，磨蹭是对骑象人命令和控制的对抗。骑象人有时候更容易用强制、命令的方式让大象服从，但是大象有自己的想法，所以会通过磨蹭来应对。父母的催促有时候听起来更像是命令，"来吃饭了""去洗澡了""快点把玩具收起来"，而孩子对命令的本能反应就是反抗。
>
> 父母的催促有时是一种攻击，当孩子因为担心失去父母的认可与爱而不能主动还击时，就会用被动的方式还击，比如磨蹭。

01 父母的不当做法

● **隔空喊话**

比如父母在厨房，而孩子在另一个房间里玩玩具，然后父母对着孩子大喊："吃饭啦！"

● **不停催促**

"宝贝吃饭了，快点吃饭了，怎么还不来？"

"起床了，快点，不然就要迟到了！"

换位思考一下，当你正在刷手机，或者沉浸于工作时，如果家人喊你吃饭，你会马上放下手机或放下工作吗？如果家人不停地催促、责备，"快点过来，喊你几次了"，这时候你是什么感觉？相信很多人都会感到烦躁。

孩子也是这样。磨蹭有时候只是孩子不能从正在进行的活动中抽离出来，这是非常正常的。

法国儿童精神专家克里斯汀·弗拉维尼（Christine Favigny）的研究发现，那些经常被父母催促的孩子，容易变成极度依赖型，做什么都不主动，完全依赖父母安排；或者处处叛逆，专门和父母对着干。

- **讲道理、唠叨，甚至严厉责备、吼叫**

如果催促不管用，接下来父母可能会讲道理、唠叨甚至责备孩子，"跟你说多少遍了，怎么那么磨蹭？每次都这样，再不走就要迟到了"。但孩子下次还会继续，甚至会在父母好好说话的时候不理会，只有在喊话、吼叫的时候才服从命令。

02 父母的恰当应对

- **放下让孩子令行禁止的期待**

孩子不是机器人，不可能父母说什么他就做什么。孩子有自己的需求，与父母的不一样，自然不会按照父母的想法去做。

- **提前告知，让孩子对将要做的事情有心理准备**

骑象人和大象发生冲突，很多时候是因为骑象人在大象身上拿着地图知道要去哪里，能看到远方的风景，而大象看不到远方，只能看到当下的事情，所以骑象人和大象的关注点不一样。孩子对时间没有很强的观念，父母要提前告诉孩子接下来该做什么，让孩子做到心中有数。

提前告知可以采用假装打电话的方式，以引起孩子的兴趣，比起一般的催促更容易让孩子接受，比如可以这样说："喂，是乐乐吗？还有10分钟就要吃饭了，你一会儿过来哦。"

● **给孩子选择，把主动权还给孩子**

给孩子有限的选择，提供几个选项，但是选项又都在父母的掌控范围内，这样不仅可以避免孩子磨蹭，还可以培养孩子的自主意识。比如"你是现在洗澡还是过5分钟再去洗澡"，这样的问话不仅给了孩子缓冲的时间，而且当孩子有决定权时也会有更多的掌控感。

启发式提问可以引导孩子思考，让孩子感到被尊重，比如"过一会儿才是看动画片的时间，现在是做什么的时间？我怎么忘了"，孩子这个时候往往愿意显示自己的聪明，知道接下来要做什么。

● **对孩子做的事情表现出兴趣，对孩子使用耳语**

虽然父母已经提前告知了，但不要期待孩子会到时间马上过来，此时，父母可以走到孩子身边，对孩子做的事情表现出兴趣，"这是画的什么？好漂亮的车""你搭了一个大高楼"，然后，平静地对孩子说："现在，我们先把这个玩具或者这本书收起来吧，这样，下次玩的时候就知道去哪找了。"如果孩子说一会儿还想玩，可以告诉孩子："吃饭的时间到了，如果你一会儿还想玩，我吃完饭陪你一起玩。"

如果孩子还会想再玩会儿，父母可以适当妥协，"再玩最后一分钟"，这样的妥协会比父母和孩子发生拉锯战的时间要短得多。

父母还可以用耳语的方式告诉孩子该去做什么事情。耳语会给孩子很神秘的感觉，可以引起孩子的兴趣，同时耳语可以最大限度地让孩子感受到被温柔对待，从而更愿意服从。

● **表扬孩子不磨蹭的行为**

当孩子偶尔不磨蹭时，父母可以给予积极的反馈，比如"今天你和妈妈说好的，妈妈一喊吃饭你就过来了，这叫说到做到""今天我们出门准备只用了三分钟，真高效"。

● 好玩的游戏

① 数数游戏

这里的数数,可不是父母数1、2、3后让孩子马上过来,而是借用孩子的逆反心理,比如当孩子不愿去洗手而磨蹭时,父母可以说:"我敢打赌,我数到500你都到不了洗手间。"这时候孩子一般会因逆反而和父母打赌马上去做,往往数到20的时候,孩子就已经做好了。

② 神奇的魔术师

孩子穿衣服磨蹭的时候,父母可以和孩子玩变魔术的游戏。"听说早上会有一位神奇的魔术师来,可以把穿睡衣的乐乐变成衣服穿着整齐的乐乐,我才不信。什么,我闭上眼睛魔术师就来了",这时候父母可以假装闭上眼睛,当孩子没有行动时,故意回头看,"我就说嘛,魔术师不可能有那么神奇的,你看,现在乐乐还穿着睡衣"。多数时候,孩子会因为好玩而穿上一件衣服,父母可以继续装作不相信的样子,"魔术师的魔力已经用完了,不可能再变出穿裤子的乐乐了"。

● 图画清单法

图画清单法是培养孩子做事规律、养成好习惯的好方法,也可以帮助孩子克服磨蹭的毛病。

父母可以和孩子一起制作好玩的一日清单、睡前清单。以睡前清单为例,可以用小鸟吃虫、火车进站,或者任何孩子感兴趣的动画片里的人物、动物作为原型。

然后和孩子探讨睡觉前都应该做哪些事情。玩玩具、刷牙、洗澡、读书、听故事、喝奶、上厕所等。让孩子自己排一下顺序。

接下来在小黑板上画一辆小货车,有几件事情画几节车厢,要做的事情用卡纸贴到车厢里，比如刷牙，可以在卡纸正面画一个牙刷，背面画一个笑脸，每做完一项就把卡纸翻过来，露出笑脸，直到每节车厢都是笑脸就可以上床睡觉了。

● **父母需要反思自己是否太过急躁**

每个孩子都有不同的个性，有的孩子比较急躁、做事效率高，有的孩子会慢一些，喜欢慢条斯理地做事情。如果孩子是慢性子，父母更不能着急，同时，需要反思自己是不是太过于急躁，过度的催促反而会加重孩子的磨蹭。

> **书籍推荐**　《我的一天》《谁偷走了我的时间呢》

5 电子产品成瘾的孩子,原来缺了这些

电子产品不应成为代替父母陪伴的工具,过度使用会影响孩子的大脑发育、注意力、语言发展和创造力,三步帮孩子愉快遵守屏幕使用时间。

案例

> 妮妮妈妈因为疫情,白天又要上班又要带娃,为了让2岁的妮妮不打扰自己上班,妈妈一整天都给妮妮开着电视,让妮妮看《小猪佩奇》,一个假期,所有系列都看完了。有时候妈妈没时间或没心情带孩子的时候,想用电视吸引孩子,结果妮妮说什么也不看电视了,只想让妈妈陪着玩儿。
>
> 4岁的布丁每次看电视的时候妈妈都会不停地在旁边提醒,每次到了时间布丁都不乐意把电视关掉,跟妈妈讨价还价,还要再看一集,似乎永远都没有满足。
>
> 5岁的豆豆也是因为疫情被困在家里,只能从早到晚看手机。豆豆自己玩一会儿,就哼哼唧唧想看手机,妈妈为了限制他,规定每天只能看20分钟手机。但豆豆看到爷爷奶奶在看手机,总是会忍不住凑过去,连以前最喜欢的书都没心思看,总想着看手机。

第一个案例中,妈妈给予了孩子看电视足够的满足,所以孩子觉得电视没有太大吸引力,反而会觉得和妈妈一起玩儿更有吸引力。

第二个案例正好相反,妈妈生怕孩子看电视看多了,所以不停地提醒,这让孩子产生一种电视很有意思,而且总有一种未被满足的感觉。

第三个案例中，可以看出孩子喜欢手机的原因——周围人都在使用，他就会产生更大的兴趣，而且孩子心理会隐约有一些不公平的感觉，为什么大人可以一直看手机，自己就不能？

> **儿童心理学解读**
> ——过度依赖电子产品的心理成因

从生理上讲，电子屏幕频繁的声光电刺激会刺激孩子大脑中的伏隔核。伏隔核在大脑的奖赏、快乐、成瘾、安慰剂效果等活动中起重要作用。所以孩子使用电子产品会在生理上感到快乐。

从心理上讲，孩子过度喜欢电子产品是因为在现实中感到无聊、无趣。如果孩子觉得现实世界是好玩的、有趣的，孩子其实会更喜欢在现实中探索。

从家庭角度讲，家人频繁地接触电子产品会刺激孩子的好奇心，孩子会模仿大人使用电子产品。

01 父母给孩子使用电子产品的初衷

● 哄孩子的工具

很多父母会把手机等电子设备当成哄孩子的工具，比如在餐厅里、公交车上、地铁上，父母会把手机给孩子，让他能够在公共场合保持安静，这招确实有效。但孩子在车上看手机，对孩子的眼睛很不好，而且容易形成不良习惯。

● 让孩子接触新鲜事物，以免在同伴中落后

有一个五六岁的小孩每天都会有固定的时间玩电子游戏，奶奶振振有词

地说："玩游戏能开发智力，别的小孩都玩，你不让他玩，他和别人聊天就什么都不懂，什么都得让他接触一下。"首先，要为奶奶能接受新鲜事物的先进思想点赞。但是五六岁的孩子完全不必担心和同龄人没话说，他们喜欢玩一些规则性游戏；比如丢沙包，而且电子游戏更新速度非常快，比如原来特别火的偷菜游戏，现在已经过时了。所以，不必为了让孩子和同龄人有话题就过早地让孩子接触电子游戏。

● 学习的工具

一位妈妈自豪地说自己的孩子3岁就用平板电脑学习各种知识了，学成语、学数学，每天使用时间在2~3小时。她一方面得意于孩子确实从电子设备上学到了很多东西，另一方面也有一些隐隐的担心。但因为工作原因，自己实在没有时间陪伴孩子。

02 电子产品使用时间过长的危害

● 影响孩子大脑发育

由于孩子的大脑尚未发育成熟，有颅骨薄弱、脑组织水分含量高等特点，所以手机等电子产品的辐射对孩子的中枢神经系统及脑发育有更大的影响。

● 影响孩子注意力

英国一家机构的研究发现，英国有超过80%的儿童因为看电视导致注意力难以集中。很多父母看到孩子看电视的时候注意力非常集中，所以很难发现孩子专注力的问题，而当孩子到了小学，往往就会表现出注意力不集中的问题。这是因为电子产品快速变化的图像一直刺激孩子的神经系统，过度刺激会让孩子出现短暂的专注，而当没有了这些刺激时，孩子就很难专注于探索周围的世界了。

● **影响孩子语言发展**

据《欧洲时报》报道，一份研究发现，早晨起来就接触电子产品的孩子，产生语言障碍的风险会提高3倍。孩子与电子产品的互动是单向性的，而语言发展却需要双向的互动。

帕特丽夏·库尔（Patricia Kuhl）博士的团队做了这样一个实验：将美国婴儿分为三组，进行12节汉语普通话课程。第一组婴儿听的是真人亲口说出的普通话，第二、三组婴儿听的则是音频、视频设备播放的普通话。结果显示，只有与人交流学习的婴儿能辨别出普通话的语音，通过音频、视频学习没有任何效果。

● **影响孩子的创造力**

心理学上有这样一个实验：实验人员把孩子分成两组，一组孩子听老师讲白雪公主的故事，一组看白雪公主的动画片，之后让他们画出白雪公主。听故事的孩子画出的白雪公主形态各异，而看动画的孩子画出的大同小异。过一段时间，实验人员又让孩子画白雪公主，听故事的孩子画的和上次有很大区别，看动画的孩子还和上次画的一样。所以可以看出，动画片把故事中的形象模式化了，束缚了孩子的思维。

03 关于电子产品父母的恰当应对

美国儿科学会儿童屏幕指南（2016）建议：18个月以下的儿童不鼓励使用电子屏幕（视频聊天除外）；18~24个月的儿童，如父母希望其接触电子屏幕，建议与儿童一起使用或者观看高质量的应用软件、节目，应避免儿童单独使用；2~5岁的儿童，屏幕时间每天不超过1小时，建议父母陪同观看，帮助儿童理解屏幕当中的内容，并应用于真实世界中。

● 限定孩子使用电子屏幕的时间

①第一步，提前约定，小工具来帮忙

父母可以根据孩子年龄提前约定好看动画片的时间，比如《小猪佩奇》大约5分钟一集，对于3~6岁的孩子可以看4集；《汪汪队立大功》10~20分钟1集，只可以看1集。在看动画片之前要和孩子再次确认约定时间。一定让孩子自己说，看多长时间、多少集。还可以让孩子提前准备好计时器，比如沙漏、表。看表的话，需要告诉孩子指针指到哪个数字应该停下来。

②第二步，跟进提醒，避免不良情绪

离结束还有3分钟时，要再次提醒孩子，因为孩子的时间观念并不强，等到了时间再去提醒，孩子很难停下来，所以可以告诉孩子"还有3分钟"或者"还有2集"。像《小猪佩奇》时间是固定的，可以跟孩子约定好看几集，如果看4集，父母要通过倒数的方式提醒孩子，还有3集、2集，只剩下最后1集了，看完这1集就要关。时间比较长的《汪汪队立大功》，就和孩子约定好看完这1集就关，并在快结束时提醒他。这样孩子就不会觉得很突然，可以减少孩子发脾气的次数。

在这个过程中，父母不要期望孩子通过一两次训练就可以实现自律，这是一个长期的训练过程。如果孩子偶尔能做到，父母要及时鼓励，"谢谢你遵守我们的约定""妈妈今天提醒一次就自己把电视关了""宝宝真的说到做到，我相信宝宝下次也可以"。

如果时间到了，孩子哀求，"我再看几分钟，我再看最后1集"，可以平静地告诉孩子："如果你选择再看1集，那就是选择明天不看了，如果你选择关掉，明天还可以再看，你自己做决定。"如果孩子一定要继续看，那第二天父母要坚定地不让孩子看。

③第三步，允许表达情绪，共情理解

"妈妈知道你还想再看一会儿，但是现在看不了，你特别着急，而且还很生气"，父母还可以用夸张的游戏替孩子表达情绪，"你是一只大恐龙，现在要喷火了，好可怕啊，我得赶紧去找消防员来灭火"，然后陪孩子玩儿会游戏，当情绪过去之后，可以和孩子坐下来说说下次可以如何做。

● **外出时用其他好玩的玩具作为替代**

有些父母担心外出时孩子在车上坐不住而影响安全，会在后座给孩子放置电子屏幕，或者去餐厅吃饭时担心孩子影响他人，就会拿出手机让孩子看。

其实，父母不妨在出门前让孩子挑选一两样自己喜欢的书、玩具、画板，当孩子有自己喜欢的事情可以做的时候，就不太会影响他人了。也可以用音频代替视频的方式，比如用手机播放有趣的有声故事，让听故事成为孩子的习惯，孩子慢慢就会放下对看视频的依赖。

● **用温暖的陪伴代替电子产品**

在陪伴孩子的过程中可以发现，当父母用心地陪伴孩子、畅快地和孩子玩耍时，孩子根本想不到去看电子屏幕，只有当孩子感到无聊、没人陪伴的时候才会想去看电子屏幕。所以，父母温暖的陪伴对孩子十分重要。

● **反思自己使用电子产品时间是否过长**

很多时候父母拿着手机看视频，孩子会凑过来看一眼，如果正好是他感兴趣的就会一直看下去，甚至不允许父母把手机关闭。鉴于这种情况，父母需要反思孩子对电子产品上瘾是否跟家人过度使用电子产品有关。如果有关，要想办法和家人探讨如何减少电子产品的使用。

绘本推荐　《要是你给老鼠玩手机》《不看电视更好玩》

6 阅读是让孩子变聪明的最好方式

阅读是送给孩子最好的礼物,"三千万词汇鸿沟"绝不是耸人听闻。用讲故事作为孩子阅读的奖励是让孩子爱上阅读的最好方式,亲子阅读时光也将成为孩子一生的温暖回忆。

案例

7岁的彤彤已经上小学一年级,为了培养孩子的阅读习惯,彤彤妈妈制定了暑期阅读计划。可是,假期第一天的读书历程就很让人抓狂。彤彤读书时,因为很多字不认识,都需要拼拼音才能读出字音来,读书不但速度慢,还很不连贯,才读了两段,彤彤就觉得很难,不想读了。妈妈不同意随便放弃,一定要彤彤坚持下去,彤彤十分不情愿地又勉强读了一段,就又哭又闹地不想读了,妈妈好话坏话都说尽了,可彤彤就是不肯读。

彤彤妈妈发愁了,都说孩子的阅读能力非常重要,可是这阅读习惯该怎么培养?

广泛阅读对孩子的学业成绩、人生发展都有巨大的影响。美国阅读研究专家吉姆·崔利斯(Jim Trelease)在他的著作《朗读手册》里写道:"你或许拥有无限的财富,一箱箱的珠宝和一柜柜的黄金,但你永远不会比我富有——我有一位读书给我听的妈妈。"读书,带给孩子一生享用不尽的精神财富,是比金银珠宝更贵重、更有价值的礼物。

> **儿童心理学解读**
> **——"三千万词汇鸿沟"**

> "三千万词汇鸿沟"这一著名的概念来自于美国学者贝蒂·哈特（Betty Hart）和托德·里斯利（Todd R. Risley）所做的一项著名追踪研究，其结果发现在孩子四岁前，高社会经济地位家庭与低收入家庭的孩子之间，积累了高达3200万的词汇量差异。这样巨大的差异，是因为孩子在不同家庭的日常对话、亲子互动过程中，父母对孩子所说的词汇量有巨大差异。该研究还发现，幼儿期的词汇量差异，在孩子今后的学校教育中呈现的差距会越来越大。
>
> 因此，在早期应该让孩子尽量多接受语言刺激，扩大词汇量，这对于孩子一生的学业成就有很大影响。孩子所接触的词汇，应当是在一定语境下孩子可以理解的词汇，这样才能转化为孩子自身的词汇量。阅读是父母能够掌握的、支持孩子词汇学习和认知发展的有效方法。

01 孩子不喜欢读书的心理分析

许多父母虽然知道阅读对孩子的重要意义，但有些孩子就像前文案例中的彤彤，不愿读、不想读，如果此时父母采用简单粗暴的催促、逼迫等办法，会让孩子更加觉得读书是一件痛苦的事情，降低孩子的阅读兴趣。此时，首先要找到孩子不喜欢读书的原因。

● 书籍内容与孩子的心理特点不符

孩子的阅读与成人的不同，孩子读书时不会像成人那样正襟危坐，也不愿意看满篇都是字的书。8岁前孩子的具体形象思维的特点非常明显，喜欢看有具体形象的画面，而不是抽象的文字。因此，适合婴幼儿的读物是图画类的故事书，即绘本。绘本图文配合，利用图画来讲故事，兼具文学性和艺术性，对于培养孩子的观察、想象、创造等多种能力都有帮助。因此孩子最喜欢的阅读形式，其实是读图听故事。

● **识字量少，注意力难以长时间集中**

孩子的有意注意时间短，一般3岁孩子的有意注意时间不会超过5分钟，刚入学的孩子，正常情况下，有意注意时间一般也不会超过20分钟。对于孩子感兴趣的事情，孩子会保持无意注意，注意时间可以很长；对于孩子不感兴趣的事情，孩子需要保持有意注意，其注意时间就不会太长。

小学低段的孩子，阅读文字内容的书籍，由于识字量较少，会出现断句，从而影响了孩子的意义加工，破坏了故事的连续性。孩子需要中断目前的意义加工，拼读出字音后，重新开始了解故事内容。这样的阅读过程非常不流畅，孩子需要长时间地保持高度的有意注意，这对于七八岁的孩子来说还比较困难。此时，孩子就会不愿读、不想读。

● **没有阅读兴趣**

8岁前的孩子，大脑还处于快速发育的阶段，大脑皮质的功能尚未发育完全，孩子都比较好动，喜欢跑、跳、爬等活动，喜欢动手操作。而阅读活动，需要孩子能够坐下来、安静下来，认真专注地读和听。此时，语言加工相关的脑区被激活，而其他无关脑区的神经活动则处于抑制状态。

由于孩子难以保持长时间的神经抑制状态，阅读时间不宜太长。而对于特别容易兴奋、特别好动的孩子来说，阅读活动可能根本无法引起他们的兴趣，因为其特点与他们的脑发育水平不相适应。

针对孩子不爱读书的这些原因，父母应该如何培养孩子的阅读习惯呢？

02 培养孩子阅读习惯的恰当做法

● 让孩子熟悉书、爱护书

想让孩子读书，他的生活中就得有书。阅读可以从0岁起步，父母在孩子还是小婴儿的时候就可以带着孩子读书，让书籍出现在孩子的生活中。

刚出生的婴儿，可以给他看黑白图案的图画书；3~4个月的婴儿，可以看彩色图卡，或图案简单、色彩鲜艳的图画书；5~6个月的婴儿，可以逐渐给他读简单的图画书；等到2岁左右，思维能力进一步发展了，可以给他看一些有游戏性质的声响书、触摸书等，这些书籍会扩大孩子的感知范围，开发孩子的智力；2岁之后，父母就可以为孩子选择合适的绘本，并一起阅读。

要让孩子喜欢书，还可以在读书环境上下功夫。父母可以为孩子准备专门的小书柜，放孩子自己的书；为孩子准备一个温馨的读书角。等孩子有了一些自主意识和自理能力之后，带着孩子选择自己喜欢的书籍、让孩子学着整理书籍、给孩子读有关书籍的故事等。

● 从故事入手，逐步培养阅读兴趣

曾经有人问"日本绘本之父"松居直："要使孩子喜欢书，是靠文字，还是靠图画？"松居直的回答是："靠耳朵。"他认为，孩子用耳朵体验文字世界是十分重要的。

读书，不仅是看，还包括听，听故事其实也是阅读。

故事有丰富的内容和生动的情节，具有流畅性和连续性。孩子听故事时，能发挥想象，投入其中，也不必正襟危坐，甚至可以将故事内容通过肢体表演出来，非常适合尚在发育中的孩子。

因此，父母在为孩子读书时，要注意呈现生动的故事内容，模仿不同角色的语气；随着故事内容的发展和孩子展开讨论和想象；将故事中的人物和情节

通过游戏表演出来。这些做法都能让孩子在故事中体验到更多的快乐，从而逐渐发展出阅读的兴趣。有了阅读的兴趣，孩子才会愿意阅读、坚持阅读，逐渐养成阅读的习惯。

我的孩子一年前识字很少，但现在能把非注音版的三年级课外书目《长袜子皮皮》完整地读下来。在一年的时间里，我做了什么使孩子在识字方面突飞猛进呢？

首先，通过观察发现，孩子对搞笑的、冒险类的书有强烈的偏爱。于是，我给他买了一套桥梁书——《怪杰佐罗力系列》（注音版）。拿到手后，他爱不释手，第一遍看着图、对着拼音，自己磕磕巴巴、津津有味地读下来……后来他已经不需要看拼音，就能把一整套书读下来。

此时，孩子对阅读已经产生了浓厚的兴趣。我又给他买了《丁丁历险记》漫画系列（非注音版），一共22本。

一开始，我还有些担心，里边都是文字，没有拼音，孩子能看得懂、愿意看吗？事实证明，孩子就算看不懂字，也丝毫没有削弱他对这个奇遇故事的浓厚兴趣。孩子自己看着图，边读边猜字，或者边读边问大人。

为了让孩子理解故事，带他外出时或晚上睡觉前，我就用音频软件给他听这个系列的故事。孩子听几遍，就差不多能把故事复述下来，再读书的时候，他会把脑海中的故事和文字对应起来，不认识的字也慢慢认识了。

● **通过亲子阅读，建立读书习惯**

亲子阅读是指父母陪孩子一起读书，是一个让孩子感受爱、享受爱的过程。阅读时，父母的陪伴与温柔的话语，可以让孩子从中感受到亲情，同时，父母也能够感受到孩子对自己的亲密。这种亲密的气氛有助于良好亲子关系的形成，也让孩子感受到阅读的温馨、美好，让阅读在孩子心中成为一件快乐的事情，建立阅读的兴趣。

在良好的亲子阅读氛围中，父母可以逐渐渗透，帮助孩子养成阅读习惯。比如，每天确定固定的阅读时间，上午安排半小时，睡前安排十分钟。在孩子逐步建立时间观念，形成生物钟的过程中，将阅读变成孩子在某个时间段就能想起来要做的事情。随着孩子有意注意能力的提高，可以逐步延长阅读时间，让孩子建立对阅读活动的胜任感，保持长期的兴趣。每日的阅读渗透和长期的坚持，阅读习惯自然而然就养成了。

有些父母在孩子小时候可能没有进行亲子阅读，因而会产生这样的担心：现在才给孩子阅读会不会为时已晚？相关研究表明，人的阅读能力是在3~8岁形成的。如果孩子还不满8岁，只要父母意识到阅读的重要性，并从现在开始培养孩子阅读，都不算晚。

此外，还要澄清父母的一个观念误区，即很多父母认为"阅读等于识字""阅读等于学习知识"，在亲子阅读时，会不由自主地教孩子认字。但识字不应成为孩子早期阅读的目的，父母应该让孩子享受阅读的快乐、培养阅读的兴趣、增进亲子感情、开阔视野，这些是阅读更深远的意义。

● **创建阅读的人文环境**

孩子的很多行为是对父母行为的模仿，阅读也一样。如果父母喜爱阅读，经常讨论书中的内容，家中的娱乐活动也以读书为主，那么孩子就会在这样的人文环境中耳濡目染，潜移默化地养成读书的习惯。如果家里没有办法创造很好的阅读环境，也可以经常带孩子去儿童图书馆。

● **通过有效奖励和强化促进孩子看书**

有些父母问："我家孩子现在也不小了，八九岁了，可还是不爱读书，怎么办？"此时，可以采用奖励和强化的方法促进孩子阅读。对于阅读习惯的培养，最好采用精神奖励，物质奖励虽然短时间内更见效，但一旦撤出，会造成孩子动机下降，不利于阅读习惯培养。

精神奖励主要是父母的表扬，孩子读了书之后，可以表扬孩子："宝贝能看那么长时间，而且还很专注，妈妈特别欣赏你。"也可以向朋友夸奖自己孩子的阅读习惯，尤其是孩子在场的时候。父母还可以关注孩子在阅读中获得的快乐，以其作为精神鼓励。比如，父母可以观察孩子最近喜欢听什么故事，购买相应的书籍，唤起孩子对其的阅读兴趣。这种快乐体验式的鼓励是孩子喜欢阅读的真正动机，心理学家称之为内部动机，所以，让孩子爱上阅读是形成阅读习惯的原动力。父母还可以把给孩子读绘本和讲故事作为孩子达到某些目标后的精神奖励。除此之外，给孩子录制故事音频，让孩子做小主播，每天播放量的增长也是对孩子的精神鼓励。建立阅读阶梯的记录单，也是一个不错的方法：在一张纸上画一个阶梯，贴在家中显眼的位置，把孩子每天的阅读时长标注在阶梯上，让孩子每天看到自己的进步，这会使他产生极大的满足感，从而激发阅读的兴趣。当然也可以画两个阶梯进行亲子阅读竞赛，看谁最先爬到阶梯顶端。

绘本推荐　《爱书的孩子》

> **专题** **有边界，孩子才能感到自由**
>
> 有些父母虽然倾诉的是孩子不同的问题，但都涉及一个核心，孩子不按父母设想的来、不遵守父母定的规矩，因此而发生冲突，该怎么办？
>
> 规则，是人在生活、工作过程中应当共同遵守的行为准则及规范，其实质是人与人之间的约定，而遵守规则是个体立足于社会必须具备的基本素质，是一个人在社会交往过程中成功的基础。因此，家庭和学校要从小培养孩子的规则意识和执行规则的能力，这将影响他未来的社会适应力、生活幸福感和事业。
>
> 那么现在就来谈一谈，为什么孩子会不遵守规矩，以及如何让孩子遵守规则。

01 孩子不遵守规则的心理原因

● 生活经验不丰富，不了解规则

孩子因为生活经验不丰富，所以并不清楚生活中为人处事的规则。比如，三四岁的孩子和同伴玩耍时发生矛盾，但怎样处理矛盾，孩子并不清楚。或者孩子会有许许多多的愿望，但哪些要求可以提、哪些对自身有害、哪些会被拒绝，也都不清楚。所以，父母需要在一次次的生活事件中告诉孩子这些规则，并帮助他们在实践中了解。

● 受限于大脑发育水平，自控力和执行力不强

人类大脑负责计划、监督、控制、管理的功能脑区是前额叶皮质，而该

脑区的发育最晚，要到25~30岁才能完成。因此，对于孩子来说，由于大脑发育不成熟，了解规则、遵守规则的能力受限，会表现出想要什么就立刻要、定好的规矩不能遵守，以自我为中心等特点；情绪的自我控制和自我管理能力也不强，表现出不守规矩、乱发脾气等行为。

● **父母没有给予清晰的规则**

从父母的角度来讲，孩子不遵守规则也有教育方面的原因。一种情况是父母没有订立清晰合理，孩子能理解、可执行的规则。比如，刷牙的规则是，为了保护牙齿，每天早晚刷牙；吃冰激凌的规则是，为了身体健康，一天只能吃一个。把规则的原因和内容讲清楚，以便和孩子交流，也便于孩子遵守。

● **缺乏规则的执行能力**

另一个可能导致孩子不守规矩的原因是父母订立了规则之后，执行得不好。比如，父母订好了每天早晚刷牙的规则，然而在具体操作过程中，孩子有时候一天刷两次，有时候一天只刷一次。这样做不但规则失去了效力，还会影响父母的威信，今后父母订立的规则，孩子也会在执行中打折扣。

02 让孩子遵守规则的恰当做法

● **父母以身作则**

在家庭生活中的一些规则，比如按时作息、讲卫生、懂礼貌等，如果父母要求孩子做到，首先自己要做到、做好。父母与孩子出行时就要自觉遵守社会生活中的公共规则，比如过马路走人行横道，红灯停绿灯行。榜样是最好的老师，而父母是孩子接触最多的人，要想让孩子遵守规则，父母自己首先要以身作则。

● 建立规律的生活节奏

日常的规则涉及生活习惯的养成，比如早晚刷牙、早上锻炼、中午午休、睡前阅读、早起早睡等。父母要事先做好孩子一日生活作息的安排，并按照其执行，孩子在养成生活习惯的过程中，形成了固定的生物节奏，遵守规则就是水到渠成的事，同时也培养了孩子的规则意识。

● 执行规则要有技巧：游戏、有限选择、温柔而坚定

孩子不遵守规则有一部分是因为父母的不坚决。同时，父母在教育孩子遵守规则时，也常遇到订立的规则遭遇孩子的抵抗，即使这个规则有益于孩子的身心发展。遇到这种状况该怎么办？

父母可以采用游戏的方法帮助孩子遵守规则。比如，当要求孩子看完书后将书放回原处，孩子却置之不理时，父母可以用游戏的口吻说："书宝宝要回家了，你知道它的家在哪儿吗？你能把它送回去吗？"当孩子把玩具弄得满地都是，需要孩子收拾玩具时，父母可以模拟玩具的语气说："哎呀，好想跟伙伴们安静地待在一起，我在这里实在太孤单了，谁能把我送回去？"游戏是孩子的天性，当孩子把收书当成游戏时，会高兴地去把书收拾好。当孩子把书或玩具放回原处后，父母应及时给予肯定和赞扬，鼓励他以后重复这样的行为。

父母也可以通过有限选择的方法来执行规则。比如，在图书馆里大声喧哗会影响他人，可是孩子就想跑来跑去地玩，那么可以给孩子有限的选择："你现在是想看书，还是画画？"虽然这样的问法没有直接地给出约束规则，孩子的选择却在父母订立的规则范围之内，规则也就容易执行多了。

此外，父母执行规则的态度要温柔而坚定。如果父母态度强硬，会引起孩子不必要的对抗情绪，孩子为了赌气，反而不愿意遵守规则。所以，父母要以温柔的态度表达对孩子的尊重，孩子也会把父母当成可以倾诉的朋友，从而更愿意接受规则，而父母坚定的态度则表明了立场是不可动摇的。比如，孩子一

起床就想玩玩具，不肯洗漱吃饭，一开始，父母可以温柔地告知孩子规则，但当孩子不愿意遵守时，父母要坚定地要求，吃完早饭才能玩玩具，此时孩子可能会哭闹，父母要保持立场坚定，允许孩子有情绪，但仍然要他遵守规则。当孩子发现父母态度很坚决时，会停止哭闹，第二天仍然会遵守规则，因为他从这件事情中学到了规则必须遵守的经验。

● 通过与孩子探讨和协商建立规则

尊重孩子还体现在规则的订立过程中。孩子不愿意遵守规则，很多情况是由于不理解规则，父母让孩子参与订立规则，不但能让他理解规则，而且孩子也更愿意遵守。

与孩子协商建立规则的过程可以遵循以下步骤：提出问题——讨论规则——设立规则——遵守规则。

例如：想让孩子早晚刷牙，首先可以提出这一问题。比如带孩子看绘本《牙齿大街的新鲜事》时提出问题："我们为什么要保护牙齿？""宝贝如果想保护自己的牙齿该怎么办？"然后和孩子讨论这些问题。孩子可能会说："不保护牙齿，牙齿会有洞，会牙齿疼。""可以少吃糖，吃糖之后漱口，常常刷牙。"接着可以和孩子共同设立规则并遵守规则。如果孩子有时候不愿意遵守规则，就可以把和孩子共同讨论的内容告诉他，以温柔而坚定的态度督促孩子遵守。

规则的实质是人与人之间的约定。当父母常常和孩子讨论、协商来制定规则时，孩子会从中学会如何与人协商，这对孩子将来处理人际关系、追求事业成功都会有很大的帮助，因为人类社会生活的大部分内容就是规则的协商制定以及规则的共同遵守。

绘本推荐：《大卫，不可以》《图书馆狮子》《手不是用来打人的》《不睡觉世界冠军》《别这样，小乖！》

第三章

每种情绪都是培养情商的机会

公共场合，温和而坚定地让兴奋降下来
动辄发脾气的孩子更需要被看到
抢夺爱只因为渴望爱
吃手有时是焦虑的表现
害怕的孩子并不胆小

父母在养育孩子的过程中，常常会遭遇孩子的情绪问题，比如哭闹不止、大发脾气、兴奋不已、黏人害怕等。此时，父母往往很难与其沟通，尤其是孩子哭闹发脾气时。许多父母会觉得要是有一个不哭不闹、彬彬有礼的孩子该多好。其实，孩子哭闹、发脾气，甚至丢东西、打人，是因为不懂得如何合理地表达情绪。而合理的情绪表达不仅是情绪管理的重要组成部分，还是孩子形成社交能力的基础，也就是所谓的情商。情商高的人，更懂得合作、更容易获得他人的支持。父母要想培养高情商的孩子，首先应从培养孩子的情绪表达入手，让孩子学会合理的情绪表达。不哭不闹不一定是好事，而哭闹也并非坏事，父母可以利用孩子哭闹的机会培养孩子的情商。

父母要想学会在孩子情绪失控的时候调整他的情绪，培养他的情商，就需要先理解情绪本身，理解情绪对孩子心理发展的重要性。

首先，情绪具有生物适应性意义。

人脑是一个层层包裹的组织，按照人类进化的顺序，由里及表依次分为三层。第一层是本能脑，负责人的基本生命活动；第二层是情绪脑，负责人的喜怒哀乐等情绪活动；第三层是理智脑，负责人的记忆、思维、想象、语言等较高级的认知活动。由此可见，情绪是人类具有生命体征后的第一需要，比认知发展的优先级别更高，因为情绪是个体适应生存环境的一套防御反应机制，每一种基本情绪都有其生存适应的价值。

人主要有四种基本情绪——喜怒哀惧。喜悦可以提高做事效率、开阔思维；愤怒可以捍卫自己的权益，获得公平公正的对待；悲伤可以让个体疗愈自己，促进自我的觉察和反思，获得他人更多的支持；恐惧可以让个体更加谨慎，保护自己避免接近危险的环境。由此可见，情绪能帮助个体获得生存资源、逃避危险，具有生存适应价值。因此在人的成长过程中，情绪脑比理智脑优先获得发展。

其次，情绪在儿童心理发展中具有优先性。

情绪功能是优先获得发展的。孩子一出生，就有喜怒哀惧的基本情绪，能做出相应的表情。

在孩子不会说话之前，与父母进行交流主要通过情绪，饿了、困了、累了、尿了、要人陪了，通过哭泣发出信号，舒服了、自在了，则用高兴的表情来告诉父母。而孩子也通过识别父母的表情来获得外界的信息反馈：对自己的要求是否愿意？对自己的表现是否满意？即使会说话了，情绪也仍然是6岁前孩子进行交流的主要手段。

最后，孩子最先会用情绪表达需求。

理解了情绪的适应性，以及情绪在儿童心理发展中的优先性，就可以理解为什么孩子会常常哭闹，因为哭闹本身就是一种情绪表达行为。那么孩子为什么会哭闹呢？

孩子哭闹，有时是因为语言水平有限，不能准确表达自己的需求，在父母不理解的情况下，只好通过哭闹来表达，比如身体不舒服，难以说清，就通过哭闹来表达；或者想要某个玩具而又说不清楚、拿不到，就哭闹开了。

孩子哭闹，还有一种情况是，由于对社会规范的理解十分有限，孩子的要求多是以自我为中心的，很多时候会显得不合理，不符合社会规范的要求，当被父母或者其他同伴拒绝时，孩子内心会出现不满的情绪，比如愤怒、伤心、委屈、害怕，这些情绪会直接表达出来，表现出哭闹的行为。

理解社会规则、适应社会规则，需要孩子提高情商，学会识别他人情绪，合理表达自己的情绪，管理好与他人的情绪互动过程。父母可以在孩子的每一次情绪失控中去教会他如何正确表达情绪，孩子的高情商往往是在每一次失控的情绪中一步步养成的。那么，父母该如何抓住孩子情绪失控的契机以提升他的情商？

下面针对不同的情绪，谈谈孩子情商的培养。

1 公共场合，温和而坚定地让兴奋降下来

肯定孩子的情绪，参与其中引导孩子的行为，"安静炸弹"密码帮你管控孩子的失控行为。

案例

淘淘的性格非常外向活泼，他很喜欢与人交往，也非常愿意和小伙伴一起游戏。但是，淘淘也有让父母很头疼的地方，比如玩兴奋了，就有点刹不住车，在房间里又跑又跳，大声地唱歌尖叫，在沙发上上蹿下跳，把东西扔得到处都是。尤其是跟小伙伴在一起的时候，淘淘简直像鱼一样欢腾，总会逼得父母气急败坏地叫停游戏。周末，父母带他和他的三个小伙伴去公园玩，他带着小伙伴兴奋地在人群中狂奔，有好几次差点撞到人；玩小石头的时候，扔来扔去，控制不好分寸就扔到了别人身上；中午吃饭的时候，他们在餐厅的大堂里大声笑闹、拿着餐厅的扫把互相追赶。这样的情况总是发生，每次都弄得父母很心烦，他们当然想让淘淘痛快地玩耍，可是淘淘又兴奋过头了。

儿童心理学解读
——大脑发育规律

孩子的大脑在发育过程中，负责产生情绪的脑区首先发育，而负责管控情绪的脑区较晚才开始发育，所以，孩子容易兴奋、激动，但又

> 难以调控自己的情绪，就会表现出不符合社会规则的行为，比如又喊又跳、追追打打、难以控制自己的言行。这其实是一种非常正常的表现。
>
> 此外，由于孩子相较于成人不擅长语言表达，会更习惯于把肢体活动当作情感的宣泄口。所以，当孩子兴奋快乐的时候，会把情绪能量转化为行动能量，用调皮、冒险甚至是鲁莽的行为来表达心情。

对于孩子的兴奋和冲动，一方面父母需要理解、宽容，不把它视为孩子的品行问题，而是看成符合孩子成长规律的表现。另一方面，父母也不能纵容孩子的行为，忽视了对其规则和责任感的教育。父母需要遵守的原则是：接纳并且引导，理解同时设限。

01 父母的不当做法

● 粗暴抑制

当孩子因为兴奋表现出动作粗鲁、行为莽撞、不顾规则等行为时，父母可能会简单粗暴地制止孩子，比如吃饭的时候不许跑、走路的时候不许相互追、不能在人群里钻来钻去。可是，孩子还没有学会全面地考虑问题、管控情绪，容易在特定的情景下被激发，变得过度活跃，无法关注其他部分。此时，孩子需要的是父母身体力行的教导，而不是粗暴地压制。粗暴强硬的方法反而会刺激孩子的大脑皮质，让他变得更活跃，变得更难安静下来。

● 无法面对正向情绪

有些父母在面对孩子正向情绪时不太适应。举个例子，小飞妈妈在小飞难过时能够接纳他的情绪，会温和地安慰他，但是当他兴奋、开心的时候，小飞妈妈会莫名的烦躁，好像孩子表现出的正向情绪有些扎眼，反而不太能够接受。这可能跟小飞妈妈自己的成长经历有关，比如从小不被允许跑闹或者太兴奋，否则父母就会批评；也可能跟小飞妈妈对正向情绪的认知有关，比如觉得"乐观过头就会悲观，太开心了就该倒霉了"，这其实是把开心、兴奋和一些消极后果绑定在了一起。那么，当孩子兴奋、愉悦的时候，父母就很难面对和接受。

- **忽视孩子的天性**

有的孩子会比其他孩子更易兴奋和冲动，那是因为先天气质类型比较独特，他们活动量大、有朝气、爱探索、好动、爱冒险、喜欢与人交往等。有些父母会忽视孩子的独特气质特点，拿他与其他孩子做比较，对他的要求、标准向其他孩子对齐，比如期待他能像其他孩子一样安静、小声说话、慢速移动。这样的养育行为其实没有顺应孩子的天性，会因为孩子的气质和父母期待之间的不协调而产生各种各样的矛盾，从而导致父母烦恼失望、孩子伤心叛逆。

02 父母的恰当应对

- **肯定情绪不打压**

当孩子兴奋的时候，充盈着过于饱和的积极情感。父母需要理解的是，孩子在此时做出的那些夸张、过分、有失分寸的行为，不过是因为内心的情绪非常激烈，他不知道该如何表达而已。此时，父母要肯定、认可孩子内心的积极感受，去理解他的这种状态，不打压孩子的感受。父母经常会出现的一个极端是，在孩子开心的时候泼冷水。有个孩子曾经非常愤怒地冲父母喊道："我就知道，你们就是见不得我高兴。"孩子的话语其实代表了一部分父母的状态，有些父母确实是见不得孩子太高兴，总担心这种状态下孩子会惹麻烦、犯错误。孩子一脸高兴，父母却一脸冷漠甚至是冷酷地打压孩子的情绪，这会对孩子造成很大伤害。所以，父母首先需要肯定孩子的内心感受，对他感受到的情绪表示接纳，可以通过语言做出反馈，比如"我感觉到你现在非常开心""我猜你见到朋友一定乐得不得了""我觉得你真的是兴奋得都要飞起来了"。肯定孩子的兴奋情绪，不打压孩子的积极感受，这能让他感受到父母的理解、爱和关怀，接下来，再进行引导，孩子也更愿意配合。

● 参与其中做引导

引导兴奋的孩子时，父母不能够置身事外，也不能只靠一遍遍地提醒、唠叨、训斥、指责。兴奋中的孩子对于父母的指令基本上是充耳不闻的，完全沉浸在自己的情绪状态和游戏世界当中。所以，父母想要引导孩子，需要参与进去，先进入他的那个世界里，与他产生联结后再去沟通。比如，前文案例中淘淘手持扫把在餐厅大堂里和小伙伴追跑，此时，可以先肯定他的兴奋情绪，"你们好像发明了新游戏，玩得好开心，我也要加入你们。"当加入其中后开始做出引导："门口的场地好像更大一些，我们可以到那里去对战。淘淘和我一伙儿，你们快来追我们。"然后淘淘一马当先地冲了出去，其他小伙伴也跟随着到了外边继续游戏。想象一下，如果只是呵斥孩子停下来、不许在大堂追跑，恐怕在那种嘈杂混乱的情形当中是不会奏效的。所以，父母要先参与孩子的活动中，跟孩子同频，然后在其中发挥作用、做出引导，影响孩子的行为，将孩子的兴奋以更合理的方式、在合适的场所释放出来。

● 坚定执行有界限

当带着孩子在外边玩了一会儿后，把淘淘和小伙伴聚到一起，做一个约定。告诉淘淘，餐厅是大家用餐的地方，想玩游戏可以到门口或其他安全的场地，如果忘记了，就用一个密码提醒他们，并让淘淘和小伙伴想一个密码，他们想到了"安静炸弹"。当他们在餐厅里追闹的时候，会用"安静炸弹"的密码提醒他们一次，到第二次的时候会带他们先离开餐厅、在外面玩儿，直到他们准备好在餐厅安静下来，才可以进去吃饭。

父母要理解孩子的感受，同时也不能纵容孩子的行为，不然只会让孩子变得以自我为中心、不会体谅他人、不能够承担责任，这并不利于孩子的身心健康。在理解孩子兴奋感受的基础之上，父母需要对孩子的行为设定必要的界限。哪些行为是可以的，哪些是不可以的；哪些行为在什么地方可以做、在什么地方不可以做，父母需要跟孩子讨论，达成一致的约定，并坚定地执行。比如，淘淘在餐厅里又兴奋得大声喊叫时，就用密码提醒他一次，等到第二次的时候，就温和而坚定地把他带离餐厅，在外面待5分钟，淘淘说可以安静了再进去，当回到餐厅淘淘又忘记的时候，再一次把他带出来，依然保持平静和坚定的状态。执行了两次约定之后，淘淘再也没有出现喊叫的行为，因为他很清楚，对于规则，父母是认真的。针对容易兴奋的孩子，父母也可以在进行某项活动前提前跟孩子约定好规则，并坚定执行。

孩子在兴奋的时候，免不了激动、失控，父母可以采用三个方法正向引导。第一，肯定情绪不打压，理解孩子的兴奋，不打压孩子的积极感受。第二，参与其中做引导，参与孩子的活动中并且做出引导，将孩子的兴奋导向合理方式。第三，坚定执行有界限，在引导过程中和孩子达成约定，设定规则，并且坚定地遵守规则。

绘本推荐　《害羞的面条和兴奋的鸡蛋》《当我安静下来》

2 动辄发脾气的孩子更需要被看到

爱发脾气的孩子有太多的需求没有被看到，愤怒测量计、手偶游戏让孩子自在宣泄愤怒情绪。

案例

快开饭了，壮壮要求再玩几个游戏，但妈妈非常坚持，告诉他吃饭时间到了，吃完饭可以再玩，说着就要去吃饭。这时壮壮不干了，马上做出要打人的架势。这样的事情经常发生。有一天，壮壮正在看电视上的动画片，妈妈觉得时间差不多了，没有理会他的反对就直接把电视关掉。壮壮气呼呼地走过去用力打电视，甚至打了妈妈，然后说："我打死你。"妈妈听了非常伤心，怎么也想不明白孩子为什么会这么容易发脾气，自己到底哪里做错了。

儿童心理学解读
——"掌中大脑"

心理学家丹尼尔·西格尔（Daniel J. Siegel）利用"掌中大脑"模型生动形象地描述了大脑是如何调节人的情绪的。什么是"掌中大脑"？

伸出一只手，五指打开，掌心到手腕的部分可以看作是脑干，它决定着当人遇到危险后是战斗、原地不动还是逃跑。

> 接着把弯曲大拇指并放到手心上，大拇指代表边缘系统，是产生情绪的主要地方。
>
> 然后弯曲其余四根手指，把大拇指盖住，握成一个拳头，四指接触手掌的部分代表前额叶皮质，主要负责高级认知功能，比如注意、思考、推理、决策、执行任务等。当把四根手指伸开时，前额叶皮质和脑干、边缘系统不能很好地联结，就会导致情绪失控。

在前文案例中，壮壮的几种情况就属于"四根指头伸开"的状态，此时他的前额叶皮质"罢工"，从而情绪爆发。

01 父母的不当做法

● 贴标签

有些父母会说，"这孩子就是性格急躁"，这样的言语中透露着对孩子急躁行为的不认可、否定甚至批判，这对孩子没有任何实质的帮助，而且会给孩子贴上标签，让孩子认为自己就是性格急躁的人，慢慢地就会形成一种固化的思维模式，"我就是性格急躁，改不了，我就是这样的人"，从而不愿意尝试做出调整和改变。

● 通过讲道理的方式让孩子马上道歉

当孩子前额叶皮质"罢工"时，父母跟孩子讲道理是没有效果的。孩子沉浸在自己的情绪里，不愿意听，也听不进去。父母说的道理，还可能会刺激孩子产生更多的负面情绪。

● 通过警告、威胁、惩罚的方式阻止

很多父母看到孩子急躁的表现往往会引发自己的急躁情绪，这是镜像神经元作用的结果。镜像神经元是指当一个人做出某种行为或者产生某种情绪后，另一个人通过观察也会做出同样的动作和行为。这种模仿并不仅限于视觉，还可能是听觉，比如听到别人发火，自己也忍不住想发火。

比如，父母会严厉地对孩子说："这样说对吗？跟你说多少次了，不可以这样，再这样就不理你了。""你再说一句试试！"

孩子可能会因为害怕父母而停止这次的急躁行为，但这不能从根本上解决问题。因为孩子并没有学会正确表达情绪的方法，下次还会用原来的方式表达愤怒。

● 没有理解孩子的情况下先表达自己的感受

比如在前文案例中，壮壮妈妈说："你这样说我很伤心，如果妈妈死了，你就再也见不到妈妈了。"孩子听后可能会非常内疚，因为害怕失去妈妈而马上道歉，但是这种内疚感并不能阻止孩子下次发脾气时的急躁行为。

02 是什么让孩子如此急躁

● 气质及生理因素

孩子刚出生时就有了气质差异，比如有的孩子爱哭难哄，有的孩子安静省心。随着年龄的增长，那些爱哭难哄的孩子往往脾气更大，更易急躁，这是由于他们的前额皮质功能发育相对缓慢，控制冲动的能力较弱。

● 父母的溺爱

当孩子提出要求后，父母总是有求必应，偶尔不能满足时，为了防止孩子

哭闹，也会立马满足。长此以往，孩子就会通过哭闹的方式"逼迫"父母满足自己，一旦不能满足就会产生急躁情绪。

● **孩子曾经被粗暴对待**

在婴儿期，孩子有任何身体不适或者心理需求，都会通过哭闹来表达。比如，晚上睡觉的时候孩子哭闹，有些父母会因为自己的睡眠被打扰而粗暴地对待甚至训斥孩子，把自己的情绪发泄到孩子身上，这样就会导致其内心积压委屈、害怕和愤怒的情绪，处于一种没有安全感的状态，当遇到一些事件时就容易爆发出急躁情绪。

● **感受自身力量，不会表达情绪**

孩子会经历一段试探语言力量的时期，他突然发现语言非常有力量，而发脾气可以让父母生气。父母的反应越强烈，越能刺激孩子的神经，于是孩子会反复试探，感受自己的力量。

另外，有些爱发脾气的孩子其实并不知道如何表达生气、愤怒的情绪，当学会表达情绪的途径与方法后，孩子发脾气的行为就会相应减少。

● **感到被控制，自己没有权利**

很多父母总是希望孩子能按照自己的想法去做，自己说什么孩子要马上执行。这时，孩子会感到被父母控制，没有自己的权利，所以会通过发脾气来反抗。比如，当孩子沉浸在游戏中，父母突然要求他去干其他事情并阻止他玩游戏时，孩子就会出现着急说狠话的现象。

● **感到被忽视、被冤枉**

当孩子感觉自己的要求被忽视或拒绝时，会通过愤怒寻求关注。美国知名儿科医生威廉·西尔斯（William Sears）说："得不到父母关爱的孩子，更容易陷入情感的狂风暴雨中。"比如，有的孩子和父母说有意思的事情，说了几次，父母都没有什么反应，最终孩子急了，大声吼："我讨厌你！"这时父母才意识到自己忽略了孩子。

另外，当孩子明明没有做过某件事情，却被父母冤枉而无法辩解时，也容易大发脾气。

- **遭到他人侵犯时**

当孩子自己的玩具被其他小朋友弄坏，或者在群体游戏中感觉被欺负时，孩子也容易出现发脾气的行为。

03 父母的恰当应对

- **避免出现伤害行为**

当孩子脾气急躁摔东西、打东西甚至出现打人的行为时，父母首先要判断，孩子的行为是否会对自己或他人造成伤害，如果后果比较严重，可能造成伤害，要在孩子出现这些行为之前及时制止，而不是之后再去批评教育。比如可以握住孩子的手并微笑着看着他，摇晃一下孩子的手或者咯吱他几下。也可以用言语简单表达孩子的情绪，"这么生气呢"。此时，动作和语言可以同时进行。

- **温和而坚定地设置清晰的边界**

当孩子发脾气表现出一些不合理的行为时，父母要温和地告诉孩子哪些可以做，哪些不可以做。比如温和地告诉他，"电视不是用来打的，你特别愤怒的时候，可以打这个毛绒玩具"。很多父母往往只告诉孩子不可以做什么，此时孩子只会感觉受到了限制，而不知道真正可以做的是什么。如果父母对这一点有些疑惑，不妨实验一下，当告诉你，"不要趴着"时，你知道接下来要做什么吗？你可以站着、躺着、坐着，但并不清楚具体要你做什么。孩子也是这样，如果父母常常用"不要""不能"这样的句式，孩子并不知道真正的界限在哪里。

● **接纳、表达孩子的愤怒**

当孩子有强烈情绪的时候，父母最需要做的就是和孩子联结，去接纳和理解他的情绪。这对很多父母来说非常难，但如果连父母自己都不能控制好情绪，又怎能教给孩子如何合理地表达情绪呢？无论多难，父母都要和孩子站在一起，而不是把孩子推开。

父母可以尝试这样说，"看得出你确实非常生气。你发脾气，是想告诉我你很生气"。然后抱抱孩子，用语言解释刚才孩子为什么会产生强烈情绪，"我知道，刚才的电视你还没看完，妈妈就直接关了，你特别生气，所以你才说那些的"。

● **用启发式提问帮助孩子恢复理性**

当孩子平静下来后，可以和他探讨，如果下次再发生类似的情况可以怎么做；如果玩具被其他小朋友抢走该怎么办；如果吃饭前特别想玩游戏，有什么办法可以让大家都满意。当孩子想到一个办法时就给予鼓励，并继续鼓励他想更多的办法。日常生活中，孩子发生急躁的情况都可以采用这样的方式，让孩子提前预想各种可能性，帮助他保持理性。

● **提前预防急躁**

①给孩子足够的权利，多和孩子商量，温和坚定地提醒孩子

回到前文中壮壮的案例，妈妈可以提前和孩子商量好，什么时候就不能看了，到时间的时候妈妈会提醒，给孩子一个心理预期，而不至于让他产生失控的感觉。当孩子又准备长时间看电视的时候，妈妈可以和孩子商量："这个动画片时间特别长，看时间太长了对眼睛不好，看到一半的时候，妈妈提醒你，可以吗？"并温和而坚定地提醒他。

②提前告知，让孩子做好充分的心理准备

父母没有提前告知而突然让孩子做什么事情，可能会引发他的急躁情绪；

而如果提前让孩子有心理预期,就不容易引发他的情绪。比如,吃饭前告诉孩子,"还有10分钟我们就吃饭了";出门前告诉孩子,"还有10分钟我们就要出去了";洗澡前告诉孩子,"再玩10分钟就去洗澡了"。如果孩子按照约定做到了,父母要及时给予孩子鼓励,"宝贝真棒,说到做到"。

● **用游戏帮助孩子释放情绪**

① 打闹游戏

打闹游戏不仅可以让孩子产生快乐的感觉,还能建立良好的亲子联结,让孩子感觉到爱和温暖,当他有这样美好感觉的时候,情绪往往是比较平和的。

比如,前文案例中的壮壮在快要发火时,可以顺势抓住孩子的手和他来一场摔跤比赛,当然,前提是父母曾和孩子玩过摔跤游戏而且他非常喜欢。孩子的情绪会在这个过程中得到充分释放。

② 语言游戏

如果孩子在不是非常愤怒的情况下,说了脏话、狠话时,父母可以用轻松夸张的语调对孩子说:"你随便说什么都可以,但如果你敢叫我黄花菜,你就是自找麻烦!"孩子可能会快速回应,故意挑衅,"黄花菜,黄花菜",这时候目的就达到了。接下来,父母可以表现出更加夸张的动作让孩子感受到语言的力量,并觉得很好玩,比如浑身哆嗦、故意摔倒,甚至假扮成恐龙、老虎扑向孩子。

③ 手偶游戏

父母可以用毛绒手偶玩具,也可以自己用纸画一两个手偶,然后把纸贴在一根吸管上面,拿在手里面可以跟手偶进行对话。如果孩子容易发脾气,可以跟孩子这样表达:"在你们家好像有一只愤怒的恐龙,这只恐龙生气的时候就会发脾气,是这样吗?""我觉得这只恐龙应该接受一些训练,让他听你的话好不好?"接下来,父母需要跟手偶对话,在此期间父母一定是看着手偶而不是看着孩子,这样孩子更容易投入其中。父母可以先这样和手偶对话:"你叫什么名字,你有朋友吗?你的朋友叫什么名字,你喜欢做什么?你喜欢吃什么东西?"每当问一个问题的时候,孩子都帮着手偶回答,这就说明孩子已经进入游戏了。接下来可以进行更深入的对话:"小恐龙,听说你经常发脾气,发脾气的时候把玩具扔得满地都是。"此时,孩子可能会答非所问,比如显示自己的力量感,"你还不知道我的尾巴有多厉害",父母不要着急,可以先认同孩子,"你的尾巴可真厉害,你什么时候会用到他?"然后,慢慢地引导孩子,也可以根据孩子的回答引入另一个手偶,"小乌龟,当大恐龙发火的时候你什么感觉"。父母可以先代替小乌龟回答,"我有点害怕,所以不敢跟大恐龙靠近,其实他可以有更好的办法",然后继续让孩子替小乌龟回答。

这样的对话方式可以让孩子在游戏中发泄情绪,同时体会他人的感受,比直接讲道理的效果要好得多。

④ 愤怒测量计

经常发脾气的孩子,内心有很多不曾表达的、被压抑的愤怒,父母可以通过愤怒测量计的小游戏给予疏导。首先在纸板上画出一个温度计,然后标上刻度,从0分到10分,用不同的颜色表示。比如绿色代表很平静,为0分;10分代表非常愤怒,用红色表示。将愤怒测量计贴在家里的墙上,定期让孩子看看自己的愤怒程度是多少,等下一次愤怒的时候让孩子自己测量一下。

绘本推荐:《妈妈,我真的很生气》《菲菲生气了》《生气汤》《我的情绪小怪兽》《不要随便发脾气》《把坏脾气收起来》《请不要生气》

3 抢夺爱只因为渴望爱

忌妒的背后是孩子的受伤和失落,是对爱的渴求。仅仅有爱还不够,推动孩子建立同盟,才会出现兄弟姐妹之间和谐相处的局面。

案例

糖糖和悦悦是一对姐妹,相差3岁。糖糖近来的表现总会惹火父母,爸爸会批评她,"你这个孩子忌妒心怎么这么强",妈妈也会忍不住数落她,"那是你妹妹,你怎么总和她争抢"。原来,每次妹妹让妈妈抱的时候,糖糖就马上冲过去,也让妈妈抱,并且还要求只抱自己;妹妹要某样食物的时候,糖糖也要,还一定要比妹妹的更多;本来糖糖正在很开心地画画,一看到妹妹犯困、让妈妈哄睡,糖糖就一定会跑去闹情绪、争夺妈妈的怀抱。自从有了妹妹,糖糖总是因忌妒而哭闹。父母精力有限,有的时候只能采取强硬手段,比如呵斥或是责备糖糖几句,可情形并没有好转。

儿童心理学解读
——忌妒是渴望爱

多子女家庭里,忌妒是孩子很常见的一种情绪,实际上,它也是孩子非常自然的一种感受。孩子有忌妒的感受,往往是因为感觉到受威胁

> 和受伤，他主观体验到的是，原本属于自己的似乎要失去了、自己应得的爱却被对手夺走或者有被夺走的危险。这跟孩子实际上是否会遭遇到不公正的对待或者忽略无关，是面对可能风险时的一种自然情感。所以，忌妒的背后其实是对于爱的渴望。父母在解读孩子忌妒其他孩子时，可以尝试换一个角度，从"这个孩子忌妒心真强"转变为"孩子感受不到对爱的确定，他渴望更多的爱和情感"。忌妒和孩子的品质、道德无关，父母千万不要对孩子进行人格评判。

实际上，糖糖的这个问题在很多多子女家庭中普遍存在。那么，父母该怎样理解孩子在面对兄弟姐妹时的忌妒感受呢？

01 父母的不当做法

● 威胁

比如，糖糖在忌妒妹妹可以赖在妈妈怀里吃奶的时候，生气地跟妈妈说："我不要妹妹了，把她送走。"妈妈很生气，就威胁她："你再说这种话，我就把你送走。"这类带有威胁的语言会让孩子体会到更强烈的危险和不安感，从而加剧孩子的忌妒情绪，他会认为确实是因为另一个孩子，父母才不爱自己了。

● 指责

比如，依依每次都要跟妹妹抢玩具，妹妹要什么她就要什么，妹妹要找妈妈，她也一定要找，妈妈分身乏术时就会指责她，"你这孩子怎么这样，抢什么""你都这么大了，还这么不听话""你怎么这么自私"。这类批评和指责会让孩子从内心深处相信自己是不好的、是不值得被爱的，从而产生"我不是个好孩子，所以现在爸爸妈妈不那么爱我了。他们更喜欢弟弟妹妹，因为他们觉得他才是好孩子"。当孩子有这种信念的时候，忌妒情绪会愈演愈烈。

- **强迫**

比如，当当跟父母表达，"我不喜欢弟弟，你们为什么要给我生个弟弟"，或者跟弟弟争抢物品的时候，父母会要求当当，"那是你弟弟，你要爱护他、喜欢他"。这类带有强迫的话语，会使孩子的抵触情绪加重，对兄弟姐妹的忌妒心变得更强。强迫，并不能让一个孩子喜欢上自己的兄弟姐妹，反而会助长忌妒的火苗。

02 父母的恰当应对

首先，要去理解孩子的忌妒情绪，忌妒的背后其实是孩子的受伤和失落，是对爱的渴求。父母可以尝试着走进第一个孩子的生活，或许会发觉他的行为其实挺正常的。在第二孩子到来之前，他的世界里面只有父母和自己，所有的爱和关注都只属于他自己。突然，第二个孩子出生了，他看到所有人的关注都围绕在第二个孩子身上，而这些关注曾经是属于他的。于是，他开始忌妒，和第二个孩子进行各种争抢，以此来试图找回以前的爱和关注。

那么父母该如何化解孩子的忌妒情绪呢？

- **给每个孩子独特的爱**

多子女家庭里，孩子会随时保持警惕、寻找线索，看看他们当中哪个是父母最爱的孩子。他们可能会经常询问父母："你最爱谁？是我还是妹妹？"有些父母会对着每个孩子都说"我最爱你"，这时候，孩子会拿着父母说的话去炫耀，"妈妈说她最爱的是我"，对方就会反击，"才不是！妈妈说她最爱我了"。于是，孩子之间会产生争斗，也会对父母的话语产生怀疑。

其实，世界上没有绝对的公平。孩子需要的不是同等对待，而是独特的专属待遇。所以，要想减少孩子的忌妒情绪，父母要给孩子独特的爱。不要告诉孩子最爱的是谁，而是告诉他们每个人，他在父母的心里是独特的存在，父母由衷地爱着他，他拥有父母独特的爱。

另外，父母要根据孩子的个性和需求，保障与每个孩子的单独相处时间，让孩子享受专属于他的亲密时光。比如，一个孩子可以先和爸爸一起煮饭，然后和妈妈一起散步；另一个孩子就可以先和妈妈一起读书，再和爸爸一起去公园玩。如果每个孩子都能单独和爸爸或妈妈一起做专属于自己的事情，那将会成为孩子生命中最美好的回忆。比如，糖糖喜欢跳舞，妈妈就会和糖糖有一段只有母女俩的"公主时间"——妈妈来欣赏糖糖的表演，当糖糖得到父母的全身心关注后，她对妹妹的忌妒自然会减少。

● "爱的蜡烛" 游戏

忌妒的孩子，对于兄弟姐妹的感情是矛盾的，有的时候喜欢对方，有的时候又深深地忌妒对方，因为有了他，自己得到的爱和关注似乎变少了。此时，父母可以跟孩子玩"爱的蜡烛"游戏，让孩子直观形象地感受到自己获得的爱并没有减少。

父母准备好四支不同长度的蜡烛，告诉孩子："这些蜡烛代表我们的家。"妈妈先拿出一支长蜡烛说："这是妈妈蜡烛，代表我。"然后点燃蜡烛，"烛火代表我的爱"。再拿出一支长蜡烛："这是爸爸蜡烛。"接着用妈妈蜡烛的烛火点燃爸爸蜡烛："当我和爸爸结婚时，我把自己全部的爱给了他，但我的爱一点也没有减少。"妈妈拿出一支略短的蜡烛："这只蜡烛代表老大。"并用妈妈蜡烛的烛火点燃这支短蜡烛，告诉老大："当你出生时，我把自己全部的爱给了你。你看，爸爸仍然拥有我全部的爱，而我的爱一点都没有少。"最后，妈妈拿出最短的蜡烛，用妈妈蜡烛的烛火点燃："这支蜡烛代表你的弟弟。当他出生的时候，我把自己全部的爱给了他。你看，你和爸爸依然拥有我全部的爱，而我的爱并没有减少。当把爱给我们爱的每一个人时，我们的爱并不会因此减少。所以，我对你的爱是全部的，对弟弟也是。而且，瞧这四支蜡烛，我们家的爱现在变得更多了。"

● **推动孩子之间建立同盟**

兄弟姐妹间的争执是很正常的，会因为某个玩具究竟是谁的、谁第一个出去、谁吃的巧克力更多等问题而大吵大闹。父母可以教孩子自行解决纷争，放手让他们自己面对争执、解决问题。此外，当孩子因为忌妒而争抢不休时，父母还可以巧妙地加入其中，变成孩子共同的"敌人"，让孩子同仇敌忾、共同对抗"敌人"，从而推动孩子从忌妒的对立关系走向亲密的同盟关系。

比如，糖糖和妹妹争抢玩具时，妈妈变身成为一个巫婆："哼哼，我是菲比亚巫婆，是谁吵得我不能睡觉，原来是你们这两个小家伙，我要把你们一起抓住。"然后，妈妈和糖糖姐妹俩玩起了抓人游戏，糖糖自然地和妹妹成为一伙儿，玩完后妈妈去做饭，糖糖和妹妹也能愉快地一起玩耍了。当孩子之间变得团结一致时，忌妒的情绪就自然地消散了。

忌妒是人的一种自然心理，完全消除多子女家庭里孩子的忌妒情绪是很难的。但是，当父母可以给予每个孩子独特的爱，用"爱的蜡烛"游戏向孩子传递爱，推动孩子建立同盟关系时，孩子之间的手足之情就会大于忌妒之情。

绘本推荐　《不公平，怎么办？》《当我感到嫉妒》《我好嫉妒》

4 吃手有时是焦虑的表现

吃手是自我安慰还是感觉敏感,或是焦虑表现,需要父母准确解读。越强调越会重复,适当的忽视,小动作自然消失。表达性艺术治疗帮助孩子释放隐藏的焦虑。

案例

欢欢从1岁开始,小动作不断,先是吃手、咬指甲,然后是用手背摸鼻子、用衣袖擦嘴,再后来吸鼻子、眨眼睛、频繁闻手、提裤子,一种行为消失接着会出现另一种行为。每一种新的行为出现,妈妈都要焦虑一阵子,不知道孩子为什么会有这样的行为。

儿童心理学解读
——小动作的心理意义

有些小动作是一种自我安慰,比如,当孩子无聊时会不自觉地把手放到嘴里;有的孩子会吸上嘴唇或下嘴唇,这都是自我安慰的表现。

在心理学家西格蒙德·弗洛伊德(Sigmund Freud)的人格发展理论中,人的性心理发展阶段分为五个阶段:口唇期、肛门期、生殖器期、潜伏期和生殖期。儿童在口唇期主要靠口腔的吸吮、咀嚼、吞咽等活动获得快乐和满足,如果这个时期的口腔活动受限制,可能会产生不良影响,在行为上表现为贪吃、咬指甲、吸吮手指等。

> 还有些小动作与孩子的感觉阈限低有关，也就是这些孩子的感觉非常敏感，身体有一点的不舒服就能够感觉到。比如，有的孩子鼻子上有一点痒就会频繁地摸鼻子，感觉手上有一点气味就会频繁地闻手，从而形成不良的生活习惯。
>
> 大多数小动作与焦虑、不安等情绪有关。如果家庭关系紧张，孩子又没有办法和能力去调节，只能选择频繁的小动作来缓解焦虑。

01 什么导致孩子频繁吃手

遇到这种情况，做父母的会有各种担心，比如担心孩子吃手不卫生、担心孩子形成习惯改不了等，所以总是会忍不住制止孩子，要么温柔提醒，要么苦口婆心地讲道理，如果几次都不听，有些父母可能会强硬地制止孩子，"跟你说多少次了，不让你眨眼还是眨眼，怎么就是记不住呢"，这时候孩子会内疚地说："我错了，下次不这样了。"可刚说完过不了多久，各种小动作就又来了。

父母需要关注的是孩子产生焦虑的情境。

● **家庭关系冲突**

当家庭中发生冲突时，由于孩子很难理解大人之间的冲突，所以不可避免地会产生恐惧的情绪；由于孩子的自恋倾向，会认为是自己的过错才导致了家庭冲突。而且，当孩子发现无论自己做什么都无法阻止冲突发生时，会更加挫败，从而陷入焦虑中。

● **二、三胎的到来**

二、三胎政策放开后，弟弟妹妹的到来着实让哥哥姐姐紧张起来，"爸爸妈妈还爱我吗？为什么他们总是陪着弟弟妹妹？我和弟弟妹妹玩不好的时候他们还总是说我，他们一定最喜欢弟弟妹妹，一点都不喜欢我"。而这个时候，父母可能忙着照顾襁褓中的小宝，忽略了大宝的感受，这导致孩子变得非常焦虑，可能会借助各种小动作来释放自己的焦虑。

- **在学校受挫**

有时候孩子会在学校受到老师的批评，与同伴相处中发生矛盾，甚至被同伴排斥，而孩子的语言表达能力有限，回到家不知道如何与父母表达这些引起负面情绪的事情，从而在孩子心中留下阴影。

- **莫名的恐惧**

有些孩子在生活中会碰到令他们感到害怕、恐惧的东西，而又难以解释其中的缘由，比如怕各种影子、担心床底下有怪物等。有些恐惧父母可以清楚地感知和理解，而那些不曾被察觉的恐惧也在深深地影响孩子。有的孩子可能会听到或者经历与死亡有关的事情，由于孩子还不能明白死亡是怎么回事，所以就会产生紧张、恐惧的情绪。

02 父母的恰当应对

- **简单忽略**

这一点对于大部分父母来说非常困难，因为眼睁睁地看着孩子有各种小动作，内心充满了焦虑和着急。根据美国心理学家伯尔赫斯·弗雷德里克·斯金纳（Burrhus Frederic Skinner）的强化理论，当给予一个行为一定的奖励后，这个行为重复发生的可能性就会增加，称为正强化；相反，如果某个行为出现后，给予忽视，这个行为重复发生的可能性就会降低，称为负强化。所以，当孩子有某个小动作的时候，如果父母总是用各种方式制止孩子，孩子就越会重复小动作。比如孩子吃饭吧唧嘴，如果每次吃饭前都提醒一下，反而会强化控制这个行为神经元之间的联结，直到变成一种习惯。所以当孩子出现一些无伤大雅的小动作时，如果发现提醒几次都没有用，不妨选择忽略一段时间。同时，反观一下自己是不是太过于焦虑或者对孩子关注太多了。

● **行为替代**

看书的时候，如果孩子一边听父母读故事一边吃手、啃指甲，不妨让孩子拿着书，双手捧着或者一只手拿书、一只手指着，总之让他的手忙起来。有一个孩子，一段时间中总是频繁地眨眼睛，妈妈温和地和他交流在幼儿园发生了什么、心里是什么感觉，然后引导孩子以后再眨眼睛的时候可以去觉察一下，再用其他动作来替代，比如微笑或者眺望远方，半年之后，孩子眨眼睛的小动作自然地就消失了。

● **给予足够的安全感**

如果孩子的焦虑是因为缺乏安全感，父母就要给予孩子足够的安全感，比如拥抱、亲吻孩子，为孩子按摩等，经常向孩子表达爱意，让孩子感觉到与父母的情感联结。

● **高质量陪伴**

每天抽出足够的时间高质量地陪伴孩子，在这段时间里，放下工作和手机，不给孩子讲道理，只是按照孩子的想法专注地陪伴他。记得有一次儿子让我陪他玩，于是我进了他的玩具屋，坐在床上想工作上的事情，他敏锐地觉察到我的心不在焉，不满意地说："妈妈，你都不陪我玩儿。"于是我从床上下来，拿起小汽车放到地上开来开去，并发出"呜呜"的声音，这下儿子高兴了，和我互动起来。父母的陪伴很多时候都是作为旁观者，而孩子需要的是参与者。

很多父母会觉得孩子的游戏有时候太幼稚，或者同一个游戏玩很多次，很难耐下性子全身心陪伴。其实这样的高质量陪伴时间不一定很久，可能只需要1小时，甚至半小时就足够了。

● **沙盘游戏**

沙盘游戏是心理治疗中经常用到的一种方法。在治疗中，让来访者从各种微缩模具（玩具）中自由挑选，摆放在装有细沙的沙盘里，从而创造出一些场景。有些必要的情况需要在专业人员的陪伴下完成，但是平常在家里也可以进行沙盘游戏。

首先购买一些沙子，兵人、动物类、植物类、房屋类等小型玩具，让孩子自由地摆放就可以。如果购置沙盘有困难，可以多带孩子去户外玩沙子，让他自由玩耍，不用在乎会不会把衣服弄脏、弄湿。

● **绘画涂鸦**

让孩子自己拿着彩笔在纸上随意涂鸦，或者和孩子一起在纸上涂鸦，直到把整张纸涂满，然后让孩子看看从这张纸上能看到什么具体的东西，比如太阳或者蓝天，此时，焦虑的孩子往往会看到魔鬼、女巫等。邀请孩子把看到的具体东西描出来，最后问问他还想再加些什么。当孩子画完了之后，请他讲讲涂鸦上面发生了什么，尤其要问问那些相对负面的内容说了些什么。

绘本推荐：《大拇指，真好吃！》《我不再吃手了》《我不再咬指甲》

5 害怕的孩子并不胆小

害怕是一种对自我的保护，害怕只有被充分看到、被表达并一起面对，才能长成发自内心的勇气。

案例

4岁的轩轩平时胆子还挺大的，可是一走进卫生间，看到热水器插座的绿色指示灯就说害怕，从来不敢一个人去卫生间，尽管父母多次告诉他，那只是一个指示灯，但他依旧每次进卫生间就喊"害怕"。

儿童心理学解读
——害怕

害怕是人类为了躲避伤害而出现的一种自我防御反应，是人的自我保护本能。

孩子出现害怕的原因有两种：一种是真实物体引发的害怕，比如怕狗、怕虫子、怕打针；另一种是想象物体引发的害怕，比如冲马桶的声音、指示灯等。

真实的害怕与模仿有关，他人产生恐惧情绪时的反应会被孩子模仿。例如，妈妈害怕狗，看到狗时大叫、远离，孩子会受到这种情绪的影响也不敢靠近狗。真实的害怕还与家庭教育方式有关，有些父母为了让孩子听话，会吓唬他，"再不听话就让医生给你打针""外面太黑了，有大野狼，不能出去"等，这样的方式虽然短暂限制了孩子的行为，但会对其心理造成长远影响。也有的害怕与孩子曾经受到强烈的外在刺激有关，比如孩子被狗咬过，从此就害怕狗。

想象的害怕与儿童认知发展阶段有关。瑞士儿童心理学家让·皮亚杰（Jean Piaget）的研究显示，2～7岁儿童的思维处于前运算阶段，其主要特点包括具有泛灵论的思维，即认为一切事物都是有生命的，因而容易产生怪物的想象，比如黑暗中有怪物、床底下有怪物等。基于此，儿童也会分不清动画片、电影中的恐怖情节与现实中的真实情况的关系，会误以为电视中的场景和人物就是真实的场景。

01 父母的不当做法

● 贴"胆小"标签

很多父母在孩子害怕时会无视孩子的情绪，甚至否定孩子的情绪，"这有什么好怕的""这么胆小，以后能干什么""男子汉大胆点"。这样的回应会让孩子产生内疚和自责，会怀疑自己的情绪感受是不是真实的，有些孩子会压抑自己的感受，之后可能会以其他的形式释放出来。

● 轻描淡写

有些父母为了快速让孩子从害怕的情绪中走出来，会轻描淡写地说"不怕不怕"，这与孩子内心的体验是不一致的，会让孩子对自己的情绪产生怀疑，"我的感受是真的吗"。而且许多时候，表面上孩子的害怕似乎消失了，但是内心深层的恐惧并没有得到处理。

- **强迫挑战**

有些父母为了让孩子养成勇敢、胆大的品质,当孩子害怕时会通过言语劝说、强硬要求等方式让孩子必须面对害怕的情境,迎接挑战。

02 父母的恰当应对

- **认可接纳孩子的害怕**

当孩子害怕时,父母可以通过言语和行为认可、接纳孩子的害怕情绪,比如可以抱抱孩子,"看到或者听到……你觉得有点害怕吧",然后告诉孩子,父母会在身边陪着他、保护他。

- **帮助孩子寻找科学真相**

孩子对于很多事物的认知往往一知半解,会通过幻想和想象来丰富自己的认知,很多时候,害怕和恐惧是由于对一些现象没有科学的认识而产生的想象。所以,父母要在生活中耐心地和孩子讲解自然现象产生的原因,帮助孩子建立科学的认识。例如,可以告诉怕黑的孩子,黑暗是一种自然现象,和白昼交替存在,还可以拿着地球仪给孩子演示黑夜与白昼的交替变化,破除孩子对黑夜的神秘化;对于怕蜘蛛的孩子,可以告诉他,蜘蛛可以织出精美的蜘蛛网来捕捉蚊虫。

有时候,即使孩子知道了一些现象的科学解释,但往往也会因为心理惯性而继续害怕,这时候父母就需要有耐心,一次次地共情、一遍遍地告知。如果孩子还是害怕,可以先远离害怕情境或者在孩子害怕时陪伴在身边,一段时间后,孩子的害怕情绪就会自然地消失。

- **系统脱敏疗法**

系统脱敏疗法是一种循序渐进地帮助孩子克服害怕的方法,会分步骤地引导孩子逐渐接近害怕的物体。以害怕小狗为例，可以先让孩子从远距离到近距离观看小狗的图片，然后让孩子尝试触摸毛绒玩具小狗，直到孩子不再害怕。之后可以进入实物阶段，从最远距离开始，慢慢靠近确保完全没有危险的小狗，然后让孩子尝试走近、触摸小狗，直到不再害怕为止。整个系统脱敏过程需要半个月到一个月的时间，当孩子表现出过度的害怕情绪时，应立即停止，特别是实物阶段。

- **通过绘本帮助孩子认识害怕、克服害怕**

阅读绘本《我好害怕》可以帮助孩子清晰地知道害怕是一种怎样的心理感受，了解害怕是一种正常的情绪。同时，父母可以引导孩子用语言或者绘画的方式表达自己的害怕情绪。

也可以用绘本故事帮助孩子建立新的想象。比如绘本《小乌龟富兰克林系列打雷下雨我不怕》，为了赶走小乌龟的恐惧，小鹰说："别害怕，轰隆隆的雷声是云彩上的巨人在打鼓！"小狐狸说："我觉得闪电是巨人们在吊灯上荡秋千呢！"父母可以引导孩子把害怕的事物想象成其他有趣的东西。

在绘本《我不怕打针》中，主人公为了逃避打针，把自己幻想成狮子、小猪、乌龟、变色龙、松鼠、鳄鱼，但当发现打针并没有想象得那么疼后，主人公又变回了他自己，变成了一个勇敢的形象。

父母可以和孩子一起阅读绘本，让孩子慢慢地去面对害怕，并和孩子一起探讨害怕时可以怎么做、需要父母做什么以克服害怕情绪。

> **书籍推荐**
>
> 《我好害怕》《我好担心》《恐惧的大书》《讨厌黑夜的席奶奶》《大黑狗》《野兽国》《胡萝卜怪》《听说你家有怪物》《走开，绿色大怪物！》

> **专题　掌控游戏化解孩子的着急**
>
> 孩子做事情着急和孩子的全能感受挫有关。全能感，指孩子认为自己无所不能，可以获得自己想要的一切。英国儿童精神分析学家唐纳德·温尼科特（Donald W. Winnicott）认为全能感来自早期与母亲的互动，如果母亲能及时满足孩子的需求，他就会认为自己是全能的。这种全能感对于孩子的成长非常重要，可以帮助他树立自信，并积极探索周围的世界。
>
> 如果婴儿期的需求经常被忽视，孩子往往会处于无助状态，为了逃离无力感，孩子可能会发展成全能控制感，不能忍受失败、不能忍受失去控制的感觉。温尼科特认为，孩子需要一段足够长的全能感时期，但随着孩子长大，母亲也要帮助他慢慢地从全能感的幻想中走出来，让他知道自己的愿望不可能被完全满足，如果有需求可以表达出来、寻求帮助、与他人协商。

01 父母的不当做法

● 否定孩子的情绪

例如，彤彤因为搭不好积木而发脾气、哭闹，彤彤爸爸说："搭不好，多试几次就可以了，着急有什么用？"

这段话否定了孩子的情绪，觉得孩子不应该着急，这种处理方式，孩子没有感到被理解，下次只会更加急躁，甚至会产生更严重的破坏行为。当孩子的情绪不被理解时，往往有两种表达方式：一种是向内的，比如压抑情绪、打自己的脑袋；另一种是向外的，比如打玩具、打其他小朋友。

● 讲道理

彤彤妈妈可能会说:"说脏话可不对,也不可以扔积木。跟你说过很多次,不可以这样。"

很多父母特别怕孩子有一些不好的言行,所以一听到孩子说一些不好听的话,或者一看到孩子有摔打的行为就会过于担心,不停地说教。想想我们自己,当处在情绪中的时候,如果别人讲道理给我们听,会是什么感觉?会更加烦躁,觉得对方根本就不理解自己。其实,孩子说脏话或者扔东西只是需要发泄一下。在儿童游戏治疗中,有这样一个原则,就是"永远不要在孩子溺水时,试图教孩子游泳"。当孩子遇到情绪问题的时候,就类似溺水状态,听不进任何话,只有当情绪平静下来才可能听得进父母的道理。

● 忽视

很多父母之所以会这样进行冷处理,是觉得孩子一会儿就好了。父母可以设身处地想想,当自己遇到一些生气、烦心的事情而发脾气时,身边的人理都不理自己,是什么感觉,会不会说:"我生气了,你都没有看到。"孩子也是这样的感觉,而且他还会产生自己不重要、自己不好、父母不爱我的感觉。

● 回避

有些父母可能会说:"行了,先不搭了。过来吃个巧克力吧!"

这样的父母存在一种救赎心理,特别不希望孩子出现负面情绪,希望他马上好起来。当然,如果现实中这样做,孩子马上就会好起来,但这样做会有什么影响呢?以后,当孩子遇到一些问题的时候就会逃避,不愿尝试。

● 训斥

还有些父母会训斥孩子,"有什么可着急的,不就是个积木吗,重新做就是了""不会玩儿别玩儿了"。

此类父母很容易被孩子的急躁情绪所影响。在儿童游戏治疗中，有这样的一个原则，"做孩子的恒温器，不做孩子的温度计"。

02 父母的恰当应对

● 接纳情绪，共情表达

父母需要做的是先接纳孩子的情绪。最关键的是父母要表达出与孩子同在的态度，传递给他这样的感觉，"我在你身边，我了解，我关心你"，并且用一个情绪词汇帮助孩子把情绪表达出来。

父母可以尝试用这样的语言和孩子交流，"积木老是不听指挥，你着急了吧"，然后可以抱抱孩子，让他感受到父母的理解。

● 共同面对，尝试解决

父母共情后该怎么做，才能让孩子从容应对挫折呢？父母不要让孩子马上离开刚才的挫折情境，离开意味着在遇到困难和挫折时选择放弃，孩子容易产生畏难情绪。最好的做法是让孩子知道这个积木就是很滑或者很不好拼插，比如可以说："妈妈试试。"然后父母可以假装自己做不好，甚至可以做出很夸张、很滑稽的动作，比如搭积木的时候摔倒，帮助孩子释放着急的情绪。接下来可以教给孩子一点方法，"尝试几次，终于找到窍门了，我发现一只手扶着，另一只手拿积木就好了"。通过演示告诉孩子，多尝试，还可以寻求帮助。

● 提升全能感的游戏

做不好事情就容易着急的孩子有时候内心会积压很多的负面情绪，而且会有一种挫败感，所以可以借助一些好玩的游戏帮助孩子重新找回全能感和掌控感，同时帮助他释放负面情绪。

① 机器人

父母扮演机器人，游戏开始的时候可以先模仿机器人的声音和走路姿势进行自我介绍："你好，小朋友，我是机器人，我会唱歌、跳舞，还会上蹿下跳、翻跟头，请问你现在希望我做什么？"孩子一听到特殊的声音，兴致马上就会上来了，可能会尝试看看机器人有什么本领，"抬起右脚，唱歌，扭屁股……"，孩子发出的指令父母尽量去做，如果做不到可以继续模仿机器人的声音与孩子对话，"对不起，此功能正在研究中，请选择其他功能"。总之，让孩子感受到快乐、全能的感觉。

② 飞机起飞

这个游戏需要在床上或软垫子上进行，孩子躺在床上，父母跪在孩子脚的位置，然后让孩子的双脚顶住父母的腹部，父母双臂伸展，做出飞机起飞的动作。孩子可以随时把双脚撤掉，代表飞机出现故障，之后父母故意摔倒在床上，代表飞机坠落，父母可以尽量夸张点，"什么情况，遇到暴雨了，哇，飞机爆炸了，又来一架飞机"。由于是孩子的双脚掌控着父母是否会摔倒，所以这个游戏可以大大增强孩子的掌控感。

绘本推荐　《别着急，停下来》《弗莱恩不要太着急》《妈妈我真的很生气》

第四章

让孩子的好性格、好品质成为成长的助推器

正面解读孩子的爱操纵

让怕输好胜的孩子更耐挫

任性的孩子，要"玩起来"

接纳孩子暂时的退缩和慢热

攻击是一种成长的驱动力，但需要管理

让孩子有不说谎的勇气

无处不在的专注力培养

从三分钟热度到愿意坚持

拥有更多自主权的孩子更自信

记得在一次父母沙龙时,我问道:"你希望孩子在未来具备什么样的性格特点?"很多父母都写了以下性格特点:阳光开朗、擅于交流、坚韧敢为、宽容豁达、创新进取,这些好性格可以助力孩子拥有好的人际关系、在学业上更加优秀、在事业上创造辉煌,更重要的是可以让孩子拥有幸福的人生。没有父母希望自己的孩子是任性自我、懦弱自卑、斤斤计较的。

我认识一位孩子父亲,因为特别喜欢跟上司较劲,所以换了好几份工作,最终选择待业在家。较劲性格的形成与他母亲的强势有着直接关系,他母亲控制着家里的每个人,贬低他的父亲,对他也是各种管束和限制。即使进入成年,他也一直没有从童年对母亲的反抗中成长起来,这就是所谓的"禀性难移"。

在做青少年心理工作的十多年里,我看到那些不会交友的孩子,往往表现出以自我为中心的性格特点;那些遇到挫折就放弃的孩子,呈现出胆小自卑的性格特点;那些抑郁焦虑的孩子,骨子里透露着敏感悲观的性格特点。这些性格特点还会持续影响他们的工作和未来的亲密关系,甚至亲子关系。

一个人性格的形成更多是受家庭教养环境和父母性格的影响,父母按照怎样的方式回应和塑造孩子,孩子就会呈现出什么性格。

孩子能够健康快乐地成长,将来可以过上幸福满意的人生是每一位父母最大的心愿。积极心理学之父马丁·塞利格曼(Martin E.P. Seligman)在研究幸福的过程中发现,一个人的积极心理品质可以增强其幸福感,并总结出了24种积极心理品质,比如诚实、专注、坚持、自信等。作为父母,希望孩子拥有哪些心理品质?又该怎样去培养这些积极心理品质呢?

1 正面解读孩子的爱操纵

越无力越想要控制,越控制越感到安全。在角色置换游戏中让孩子尽情控制,在现实中适当的拒绝让孩子不会养成霸道的性格。

案例

"奶奶,你过来""爸爸,把我水杯给我""爷爷,你坐那边去",在畅畅家里总能听到畅畅指挥大人的声音,特别是在玩游戏的时候,他说小狗放在哪里,就必须放在哪里。他让爸爸陪着玩一个叫作"龙哥"的游戏,就是恐龙和其他小动物之间的互动游戏,整个过程不停地问:"爸爸,这时候龙哥说啥?小兔子这样坐着说啥?小乌龟说啥,小青蛙说啥?"然后给每个动物换一个姿势,比如把兔子压到青蛙上面,再问一遍。如果让他自己说小动物都说了什么,畅畅会非常愤怒,执意要爸爸说,爸爸有一种强烈被控制的感觉,甚至感觉到了怒火。在外面和小朋友玩的时候,大部分时间畅畅要让别人听他的,如果别人不听,他就没有兴趣再玩下去了。爸爸特别担心孩子如果这样,会影响他的人际交往,不知道该怎么办。

> **儿童心理学解读**
> ——控制背后的心理需求
>
> 控制欲强的人，内心有一种强烈的不安全感，这种不安全感会让孩子产生一种无力感，促使他产生控制行为，通过控制行为可以让孩子有一种掌控的感觉，从而使内心的安全感增强。
>
> 所以当孩子表现出控制行为时，父母先不要着急去纠正，试着理解孩子，他的内心有怎样的感受和想法。只有这样，才能从根本上帮助孩子调整控制的行为。
>
> 控制欲强的孩子，有些是因为从小被给予了很多的自主性，所以非常有主见，什么事情都有自己的想法；有些是因为父母管得太多，孩子总感觉被限制，用反控制的方式来反抗父母的控制；还有些是因为父母本身就是控制型人格，孩子的控制只是模仿了父母的行为。

01 父母的不当做法

● 过度忍让和顺从

有些父母不想让孩子产生不高兴的情绪，会尽量满足孩子。当父母偶尔表现出对孩子的不顺从时，孩子就会哭闹不止，因为舍不得看到孩子哭，往往会一忍再忍。长此以往，孩子学会了用哭闹来控制父母。

● 粗暴拒绝或者讲道理

有些父母在觉察到孩子企图控制自己的不良苗头时，往往会选择粗暴拒绝，"这么大了，自己的事情自己做"，或者给孩子讲道理："不可以这样和父母说话。"但是，孩子下一次还会继续，甚至用更加无理取闹的方式发泄自己的情绪，这是因为孩子内心的需求并没有被满足。

02 父母的恰当应对

● **适当满足孩子的控制欲，增强其掌控感**

在生活中，父母可以让孩子做一些能体验掌控感的事情，让他体验自己决定带来的结果，比如穿什么衣服、游戏怎么玩等。有一年夏天，我儿子穿好短袖后，突然从衣橱里找出一件羽绒服，我没有强迫他脱下来，只是简单提醒了一下穿羽绒服会很热，便同意让他穿出去了，结果他一上车自己就脱了，体会到了热的结果，下一次孩子就会考虑我的建议。此外，让孩子制定游戏规则可以增强他的控制感，但是有些父母会担心，孩子出去后依旧要求别人听自己的，其实孩子如果在家里得到了满足，在外面的控制欲就会有所收敛。

其他可以帮助孩子体验掌控感的事情：

让孩子帮忙做些简单的家务；

让孩子选择去哪里玩；

让孩子来主持家庭会议；

让孩子来组织家庭讲故事大赛；

……

● **通过角色扮演帮助孩子释放情绪并学习沟通技巧**

可以让孩子扮演控制者的角色，父母扮演被控制的角色，扮演时尽量夸张一点，让孩子可以充分释放情绪。比如孩子扮演国王，父母扮演大臣，国王发号施令，大臣遵从。还可以进行角色置换，让孩子学习如何与他人交流。比如由父母扮演一位和蔼可亲的国王,做决策时常和大臣商量,并且对大臣下指示时也是用温和的语气。

此外,在角色扮演中可以多加些角色,比如有的人服从国王的安排,有的人不听从,父母可以在此加入些沟通的技巧,"这位国王说话很温和,我们听他的""国王每次说话都这么凶狠,听着就害怕,不干了",让孩子了解沟通时语气的重要性。

● 适当让孩子接受拒绝

控制欲强的孩子如果控制不好就会发展成任性、霸道的性格,当别人不听从自己时,孩子可能会很难接受。所以,父母要在生活中训练孩子,让他接受拒绝,这是社交训练中重要一项。当然,这里的训练并不是故意让孩子在生活中受挫,而是在游戏中让孩子体验被拒绝。"我能玩一下你的玩具吗""你能和我玩吗""我能加入你们的游戏吗",找一些日常生活中孩子可能碰到的拒绝场景来表演,在游戏中父母扮演被拒绝的人,让孩子扮演拒绝他人的人,父母要表现出尽管被拒绝有些不开心,但是又有很多别的方式可以帮助自己从伤心中走出来。通过这个游戏,孩子能够从父母的表演中学习到如何面对拒绝。父母也可以顺势加入其他角色来安慰被拒绝的人,以增强孩子的同理心。

当在游戏中做了足够的准备后,如果孩子在生活中以一种强势的方式发号施令,父母可以委婉地拒绝孩子,"要是那个国王说话用'请我帮忙的方式',我就去做",还可以找一些借口让孩子去做自己可以做到的事情。

绘本推荐　《不一样的耳朵》

2 让怕输好胜的孩子更耐挫

孩子终其一生都在寻找归属感和价值感，想赢是在感受自己的能力和价值，适度让孩子占上风，让其充分体验成就感，可以激发孩子越挫越勇的内在力量。

案例

5岁的琪琪刚和爸爸、爷爷下完象棋，被爸爸夸下得好，又要和妈妈比试一下。5岁的孩子逻辑能力有限，对于象棋他只是略知其中的基本规则，并不是很会下，爷爷和爸爸和他下的时候其实更多是让着他。当琪琪和妈妈摆好棋子之后，正饶有兴致地下棋，这时妈妈用炮吃了他一个卒子，他立马就不干了，把棋一扔，说什么也不玩了，之后好多天再也不动象棋了。

儿童心理学解读
——自尊

《恰如其分的自尊》中提出自尊的三大支柱：自爱、自信、自我观。在自尊建立的过程中，最重要的是感觉到被爱，也就是归属感；其次是感觉自己有能力，也就是价值感。如《自卑与超越》里所说，孩子终其一生都在寻找归属感和价值感。高自尊的人做事情能够坚持，失败后复原速度快；低自尊的人容易受到他人影响，做事情容易

> 放弃、怕失败。很多孩子输掉之后会闹情绪，特别想赢，是因为在寻求价值感，他们希望通过自己赢而感受到自己是有能力的。

01 父母的不当做法

● 批评教育

很多父母在遇到这种情况会批评教育孩子，甚至会把怕输和不耐挫联系起来，"输就输呗，这么着急干什么，输了也没关系，你要是老这样，没人和你玩儿"；有些父母会苦口婆心地给孩子讲道理，"你这个不行，别的还行，输了没关系"。

但是这样的批评教育会起作用吗？父母没有理解孩子的心理，也没有接纳他的情绪，孩子会产生更强烈的不安全感和挫败感。

● 不当的挫折教育

到底要不要总是让着孩子，让他赢？有些父母认为如果总让孩子赢，他会过分夸大自己的力量感，容易形成自负的性格，而外面的竞争是残酷的，在现实世界中不会有人让着他。有些父母认为在玩的时候让孩子体验挫败感、体验失败，是非常好的挫折教育；如果孩子在家里不体验失败，在社会中遇到挫折就会容易退缩，什么风浪也经不起。

的确，孩子需要挫折教育，如果一直让孩子在温室中成长，只会使他在面对风雨时不知所措，甚至一蹶不振。所以不能每次都让孩子赢，但是如果出于让孩子受挫的目的，孩子的自尊就很难建立起来，他感受到更多的是挫败，会觉得自己是没有能力的，慢慢地容易形成低自尊。

每个人都有学习新技能的经验，比如学乒乓球的时候，让初学者和专业选手对打，当初学者一个球也接不住时，他的情绪如何？技能又如何提高？所有的训练和练习都是从初级到中级，再到高级一步步前进的。再来说公平，让初学者和专业选手对打，本身就不公平，所以在国际比赛中，特别是举重、摔跤比赛，都会根据选手的体重来进行同一级别的比赛。对于前文案例中的琪琪来说，妈妈是学了好多年的棋手，而琪琪只会一点皮毛，这公平吗？现在是否能理解孩子为什么会有挫败的感觉，致使很长一段时间都不再碰象棋了呢？

儿童早期自尊的建立对于孩子非常重要，是孩子未来自信和抗逆力的基础。父母要做的是培养孩子的自我效能感，让孩子在做事情的时候相信自己可以做到，这样他才会愿意去探索更多的新鲜事物，愿意接受更多的挑战。相反，如果孩子在家里总是遭受挫败，就会形成低自尊，认为自己什么都不会、什么都做不好、什么都不如别人，也不愿意去探索外界环境。

所以，父母需要做好增强孩子的自信与让孩子适度体验挫折之间的平衡，在这样的平衡中让孩子慢慢意识到输了也没关系，进而愿意参与竞争性强的活动。

02 父母的恰当应对

● 理解接纳情绪代替讲道理

当孩子受挫后，先要对孩子的急躁或者沮丧情绪给予安抚，"刚才妈妈一上来就把你的卒子吃掉了，你特别生气，有些沮丧，都不想和我玩了"。当孩子有情绪时，更多启用的是负责处理情感的右脑，而左脑（语言脑和理智脑）无法工作，所以父母不要着急讲道理，更不应该批评指责孩子。当成人受挫的时候也会产生沮丧难过的情绪，但被藏在心中而不外露，孩子只是通过行为表达出来而已。

● 反思父母对待输赢的态度

父母平时的言行中有没有透露出对于输赢的态度？比如，几个小朋友在一起时，父母会不会说："你们比赛吃饭，看谁吃得快？""你们比赛拍球，看谁拍得多？"当孩子参加某项竞争性活动赢了的时候，父母有没有非常兴奋地赞美孩子，"你太棒了"。孩子会从这些言行中知道父母希望他赢，赢了父母会高兴。父母在无意识中过度在意输赢的态度会直接影响孩子。所以，父母要淡化输赢意识，尽量不给孩子传递过度的输赢观念。

● 小步子开始，适度让孩子占上风

和孩子玩竞争性游戏时可以从竞争性小的开始，并制定好玩的规则，比如赢方可以对输方做以下事情：用食指刮鼻子，拍一下肩膀，抱一下。这样的规则会让孩子觉得好玩，也就会淡化输后的不适感。

当孩子学习一项新技能，比如围棋、象棋、篮球等竞争性运动时，要根据他的学习程度，让他在学习过程中体验到成就感。刚开始学习时，可以大部分时间让孩子赢，以增强自信心；当学习有一定进步时，适度减少让孩子赢的次数，由此提升其挑战的勇气；当学习到比较高的程度时，可以通过公平竞争让孩子体验挑战高难度任务的刺激感。这个过程一定要慢，父母要按照孩子的学习节奏及时调整输赢比例。

● 好玩的游戏提升孩子自尊

① 摔跤

父母和孩子把手搭在对方的手臂上，然后开始摔跤。为了安全起见，父母可以把孩子摔到沙发上，当孩子用力时父母可以配合下假装摔倒。

② 雪糕，解冻

如果是三个人玩，一个人扮演抓雪糕的，另外两个人扮演雪糕。雪糕有两

种指令，当说"雪糕"时，所有人需要停下来，身体不能动弹；当说"解冻"时，所有人可以活动。如果雪糕被抓住，就变成抓雪糕的人。

③拖车

这个活动可以在床上或者沙发上进行，需要铺一个比较滑的垫子。父母躺着，然后孩子用力拽父母的腿，父母一点一点往下滑，直到滑下沙发或床坐到地板上，游戏过程中父母尽量夸张点，特别是快要滑下去的时候，可以大喊："不要啊，我马上要掉下悬崖了，救命！"孩子会感受到自己的力量而非常有成就感。

④找物品

首先，父母拿一个物品给孩子看，比如小球、毛绒玩具。然后让孩子决定谁先把物品藏起来，另一个人把这个物品找出来。如果是孩子负责找物品，当他接近物品时，可以根据孩子距离物品的远近给予提示。当父母负责找物品的时候需要注意，一定要给孩子做好不轻易放弃的榜样，但是可以装作找不到，以提高孩子的全能感。另外，父母藏物品的时候一定要从易到难，逐渐增加难度，尽量让孩子每次都能找到，但可以偶尔一两次提高难度，让孩子体验找不到的感觉。

绘本推荐：《输不起的莎莉》《小威利总想争第一》《不是第一名也没关系》

3 任性的孩子，要"玩起来"

不要让哭闹成为孩子满足需求的武器，不同年龄要采取不同的方法，想象满足法让孩子在玩中放下执拗。

案例

4岁的卓卓去玩具商店，看到了一个玩具，告诉妈妈，"我想要这个变形金刚"，可妈妈前天刚给他买过一个玩具，于是告诉他这周玩具已经买过了，下周可以买，卓卓一听马上哭了起来，"不，我现在就要"。无论妈妈怎么解释都不行。

晚上九点的时候，毛毛想要去商场玩儿，妈妈很温和地告诉毛毛："现在已经太晚了，你看外面都黑了，咱们明天去吧！"毛毛一听，马上就哭了："不嘛，我就要去。"妈妈继续劝说："商场已经关门了，进不去了。"可毛毛继续哭闹着，"我就要去"。

儿童心理学解读
——任性与执拗敏感期有关

执拗敏感期，是幼儿在3岁左右出现的秩序形成关键期中的一个敏感期，处于这一时期的孩子会让人感觉不再像以前那样听话了，而且经常和大人"对着干",总是力图摆脱大人的约束,提出过分的要求,并且往往难以变通,有时甚至会非常执着。

执拗期主要有这几个特征。

1. **我的事情我做主** 处于执拗期的孩子喜欢按照自己的意图和要求做事,这个阶段的孩子什么事情都是"我说了算"。

2. **我不赞同你的意见** 3岁左右的孩子往往会显示出特别任性的一面,而且特别喜欢和大人对着干,什么事情都是"按我说的做"。

3. **哭闹对抗** 执拗期的孩子,有很多要求和表现看起来都是不可理喻的,但是如果要求得不满足,他们就会大哭大闹。

前文案例中的卓卓和毛毛明显处于执拗敏感期,什么都希望自己说了算,想要什么马上就要得到。

01 父母的不当做法

● 能满足的情况下依从孩子

很多父母见不得孩子哭闹,孩子一哭会感觉很烦躁,所以会向孩子屈服,"没多少钱的事儿,赶紧买了吧,别让孩子哭了"。多次以后,孩子就学会了通过哭闹强迫父母满足自己。

● 不能满足的情况下讲道理恐吓

在父母实在无法满足的情况下，可能会给孩子讲道理，这对大一点的孩子可能好用，但是对小孩子并不起作用。有些父母可能会吓唬孩子，"外面有大老虎，出去就被老虎抓起来了"。这样的恐吓可能会暂时让孩子停止任性，但是害怕、恐惧情绪可能会一直占据孩子的内心。

● 置之不理

当父母道理也讲了，该吓唬的也吓唬了，发现依旧不管用时，干脆就不理会孩子了。对于大一点的孩子，当他们提无理要求时置之不理不失为一个有效的办法，但是对于小孩子，如果不予理会，会使孩子产生强烈的不安全感。

02 父母的恰当应对

● 不同年龄的孩子需要采取不同的方法

建立依恋关系的关键期在孩子3岁之前，这直接影响孩子的安全感、人际交往，所以在这个时期，需要及时满足孩子的需求。这是因为孩子在和父母互动时会产生一种信念，如果父母及时准确地满足孩子，他就会对自己产生"我很可爱，我值得被爱"的信念，对父母产生"他们是爱我的、是可得的，我有需要的时候可以信赖他们"的信念。依恋关系对孩子的同伴交往也有很重要的影响，被及时满足的孩子，由于对看护人是信任的，同伴关系会比较好；相反，对看护人不够信任的孩子，很难信任同伴，也很难建立友谊。所以，对3岁之前的孩子，要尽可能做到及时回应，哪怕不能满足孩子，但是情绪上要给予安抚，让孩子觉得有安全感，有亲密的依恋关系。

3岁后的孩子，依恋关系已经非常稳定，也开始建立规则意识。此时，孩子当然希望自己的要求仍能被立刻满足，但是当不能满足时，父母需要让孩子理解这种限制，教给孩子当他人的需求和自己的需求产生矛盾时需要学会调节自己的情绪，要能够坦然接纳不能被满足的情况，学会等待。

● **不同的需求要区别对待**

孩子的需求可以分为两类，情感需求和物质需求。

对于孩子的情感需求，父母要第一时间关注到并给予及时回应。比如当孩子需要拥抱、安慰、支持时，父母给出的安抚和支持一定要及时。

对于孩子的物质需求，要合情合理地满足，既不必百依百顺，也不必故意不满足。现在物质生活水平提高了，很多父母不会介意给孩子多买几个玩具，孩子想要什么玩具都给买，这可能是因为父母小时候很多需求都得不到满足而产生了极大的缺失感，所以当自己有了孩子之后就想着，"我一定不能让孩子再像自己一样，什么都没有，别人家孩子有的，我的孩子也必须有"。所以，父母对孩子的过度满足其实是对自己缺失感的一种补偿。同时，对孩子物质需求的过度满足也会让他不懂得节制，没有缺失感。

我和许多青少年接触时发现，有些孩子要什么，父母就给买什么，比如有的孩子要名牌鞋，父母二话没说就给买，最后孩子养成了攀比的心态。孩子在学习和梦想方面却没有追求，因为当他想要什么都可以得到的时候，就没有努力的必要了。再者，当孩子面对他人不能满足自己的要求时，因为不能接受被拒绝而产生很大的情绪，此时如果孩子用哭的方式提需求，父母同意了，孩子就会学到通过哭的方式可以满足自己的需求，而慢慢地就养成任性的性格。再长大一些可能用别的方式来要挟父母，比如不写作业、不上学甚至离家出走。所以，父母要有限度地满足，让孩子学会节制，感受到缺失感，愿意自己付出时间去等待，付出努力去争取。

● **恰当使用延迟满足**

延迟满足，不是不满足，而是过一段时间再满足。美国斯坦福大学心理学教授沃尔特·米歇尔（Walter Mischel）设计了一个实验，研究人员给每位受试者（4~5岁儿童）一颗棉花糖，同时告知其规则：如果马上吃，只能吃一颗；如果等20分钟再吃，就可以额外获得一颗作为奖励。有的孩子急不可待，马上就把糖吃掉了；有的孩子则耐住性子、闭上眼睛或头枕双臂做睡觉状；也有的孩子用自言自语或唱歌来转移注意、消磨时光，以克制自己的欲望。研究人员进行了跟踪调查，发现那些以坚韧毅力获得两颗棉花糖的孩子，长大后表现出较强的适应性、自信心和独立自主精神；而那些经不住诱惑的孩子则往往屈服于压力而逃避挑战。

由此可以看出，延迟满足对于孩子的成长有着非常重要的作用，那该如何培养孩子的延迟满足能力？比如在买玩具这个问题上，父母可以和孩子提前约定：每个星期可以买一个多少价位的玩具；如果已经买过一个了，再去商店只能看，不能买；当孩子去商店一次看中两个玩具时，可以让他自己做选择，借此也可以锻炼孩子的自主选择能力。如果孩子偶尔任性，哭着非要某个玩具，父母首先要响应孩子的情绪，"妈妈知道你特别想要这个玩具，妈妈不给你买，你很着急"，然后再表达限制，"我们昨天已经买过了，所以要等到下一周才可以买"。如果孩子继续哭闹，父母可以选择坚定地离开，只需让孩子知道父母对他的理解和底线就可以了。

● 想象助力，替代满足

父母可以用想象满足孩子的愿望："你特别想去商场玩是吧？那里有你最喜欢的城堡，你可以爬到最上面，然后像风一样滑下来，太有意思了。那你坐飞机去还是开火车去？"这时孩子可能会说："坐爸爸车。"于是父母可以继续引导他想象："那你带最喜欢的玩具去吗？"还可以跟孩子探讨去了商场之后怎么玩儿，或者把绘本里看到的故事用一种非常夸张的方式讲出来，让这个想象变得更有意思。

想象游戏为什么会有作用？

这与孩子的想象发展特点有关。孩子在1.5~2岁想象开始萌芽，此后迅速发展。幼儿期是想象最为活跃的时期，几乎贯穿于孩子的各种活动中，比如玩游戏、听故事、听音乐、绘画、搭积木等。

孩子的想象主要有以下特点：没有什么目的，容易受外界环境影响，比如看到饼干就说像太阳；注重过程的满足，比如喜欢听重复的故事，刚讲完三只小猪的故事，就让再讲一遍；容易把事实与想象混淆，这是由于孩子感知能力有限，还觉察不到事物的差别。接下来，举个例子，练习一下，看看如何用想象来满足孩子。

孩子刚吃完一块巧克力，还想再吃一块，如果父母单纯讲道理，孩子可能会着急地哭起来，此时父母可以这样做。

"巧克力特别好吃是吧，你还想吃什么味道的？我想吃个草莓味道的，草莓味的巧克力，好甜啊，妈妈还想吃块西瓜味道的……那我们在本上画一个吧，画完明天就可以吃到了。"

讲到这里，有的父母可能有疑惑了，如果孩子一会儿又想要该怎么办？对3岁以下的孩子，这种概率比较低，但对上幼儿园的或者比较执着的孩子，可能会一遍遍地说："我就要吃巧克力。"甚至躺在地上耍赖，这时父母可以怎么做呢？

● 鹦鹉学舌，为情绪照镜子

可以和孩子玩照镜子的游戏，告诉孩子，"我现在是镜子"，然后重复孩子的话和动作。当孩子觉得好玩儿，就可能会说："好吧，先不吃巧克力了。"然后父母可以带领孩子玩一个更好玩的游戏。

绘本推荐 《不任性，恰当地说》《任性的小浣熊》《任性惹的祸》《我不随便任性》

4 接纳孩子暂时的退缩和慢热

每个孩子都是独一无二的，鼓励孩子的点滴探索，肯定孩子的每一个小进步，尊重慢热孩子的成长节奏。

案例

囡囡是个5岁的小姑娘，性情温柔腼腆，家里来了客人她总爱躲在妈妈的怀里，见到不那么熟悉的人，说话声音也总是很小。最让囡囡妈妈担心的是，囡囡不太敢和其他小朋友一起玩。囡囡只和一两个特别熟悉的小伙伴玩耍，当有了新伙伴加入时，囡囡就会躲在一边，不参加大家的游戏。如果是好几个小朋友一起玩时，囡囡就会躲到一边看，小眼睛忽闪忽闪地，看着很渴望加入的样子，可是一旦让她加入游戏，她就挣扎着不去，就算妈妈说："我带你一起去找大家玩吧！"囡囡也坚决不去，甚至当场就哭起来了。

囡囡妈妈为此非常着急，明明囡囡是想和小朋友一起玩的，可是让她去玩，她怎么又不去了，胆子这么小，将来还怎么在社会立足呢？

在现代社会，人们总有这样的印象，良好的社交能力似乎与一个人的成功有莫大的关系。很多父母就会担心，如果孩子不合群，将来可怎么办？孩子总是不合群，不和其他小朋友玩，一遇到要与其他小朋友互动、说话或玩耍的情景就退回看护人的身边，并且伴随着紧张、害怕、焦虑等情绪，这其实是儿童社交退缩的一种表现。

儿童心理学解读
——社交退缩

社交退缩，也叫社交焦虑，是一种在他人面前感到不自在和受压抑、避免与他人接触的倾向。

社交退缩是一种心理问题，其行为表现和性格内向者的表现很相似，都是寡言少语，与他人的社会互动少。社交退缩和性格内向的表现虽然相似，其内在的心理状态却不同。性格内向者是关注自己的内心世界，其思维活动审慎细密，与他人互动少是因为认为没有互动的必要，因此并无焦虑体验。而社交退缩者不与他人互动、说话少、活动少只是表象，他们的内心是非常愿意与人交往的，只是害怕不被接纳、不被信任、不被认可而不敢与人交往。此外，他们缺乏与人交往的技巧，在与人相处时，不知道如何与他人互动，对自己的社交能力没有信心，常常会有紧张感，因此而影响人际交往。

从囡囡的行为来看，她在别的小朋友玩耍的时候，是想要加入其中的，实际上却躲在一旁，让她参加，她还会紧张大哭。对照上面的描述，这是社交退缩的表现。

01 是什么让孩子社交退缩

● 先天气质类型的差异

每个孩子都有属于自己的天生气质。有的孩子活泼好动，有的孩子比较文静，还有的孩子爱哭闹，难以安抚。其中敏感气质类型的孩子对环境信息比较敏感，环境中的微小变化都会让孩子觉得不安全，感到害羞、害怕，从而产生退缩、逃避的行为。

就像前文案例中的囡囡，和熟悉的孩子可以一起玩，一旦有新伙伴的加入，马上就退缩了，这是因为囡囡敏锐地捕捉到了环境中的新信息，为了保证自己的安全，而退出了和小伙伴的游戏。

- 过度保护的家庭教养方式

很多父母出于爱子之心，会对孩子的保护过多，孩子自己独立处理事情、自己承担责任的机会减少了。例如，当孩子会握住勺子时，本应开始训练孩子自己吃饭，而不少父母到孩子五六岁还在喂饭；孩子准备进入幼儿园时，本应开始训练孩子自己穿衣服，但许多父母，即使孩子都已经上中班、大班了，还会帮孩子穿衣服。"跑慢点，别摔跤啦！""别跳，太危险啦！""不要玩这个，太脏啦！"这样的话也常常挂在父母嘴边。父母的本意是保护孩子，但是过度保护会让孩子误以为周围的环境是不安全的，从而产生过度自我保护的行为倾向，变得退缩。

此外，由于父母对孩子的过度保护，孩子会过度依赖父母，失去发展自己能力的机会。过度依赖的孩子到了幼儿园，会无法照顾自己，无法自己应对生活中产生的问题，包括与其他小朋友的合作、自己解决人际交往中的冲突，因此社交能力较差，难以融入群体。当孩子体验不到人际交往的乐趣时，就更不愿意和其他小朋友一起玩了。

- 交往环境单一，缺乏社交经验

在现代邻里关系淡化、小区孩子不多的情况下，孩子可能会缺乏人际交往的环境。另外，有些父母出于某些原因，更倾向于让孩子在家里玩，而不是带出去和其他小朋友一起玩。例如，有的父母担心孩子会和其他小朋友产生矛盾，发生打架或争抢的事件，于是让孩子更多地待在家里；有的父母可能认为外面环境脏乱、空气不好等，为了保证孩子的健康，不让孩子出去玩；还有的父母想让孩子多学一点东西，让孩子更多地阅读、画画、弹琴等，导致没有出去与小伙伴玩的时间。

这就导致了孩子的人际交往环境非常单一，没有机会锻炼自己的社交技能。长此以往，孩子会因缺乏社交经验而表现出许多社交问题，比如不敢和其他小朋友一起玩，不会谦让与合作，或者不合群、孤僻等。

此外，不积极参与社交活动的孩子还常常会感到孤独，甚至会有苦恼、无聊、烦躁、焦虑等消极情绪，对孩子的身心健康发展产生不利影响。那么父母可以做些什么来帮助孩子积极参与社交呢？

02 父母的恰当应对

● 鼓励孩子主动探索环境

2岁左右的孩子开始产生独立自我意识，想要自主地探索周围的环境。父母要鼓励孩子在安全范围内有更多的探索行为。孩子探索环境的行为包括想要尝试自己没有做过的事情，比如扫地、洗衣、做饭等；还包括想要在户外环境里充分的活动，比如疯跑、跳跃、攀爬、玩沙、玩水、折叶、捉虫等。父母对孩子探索行为的允许传递了环境安全的信号，当孩子在面对新事物时，会更倾向于主动探索，而不是退缩。

● 表扬孩子的点滴进步

敏感气质类型的孩子由于对安全的要求比较高，同时又对环境的变化比较敏感，因此更容易表现出退缩的行为。此时，父母不但要多鼓励孩子主动探索，还要对他的表现进行细心观察，发现点滴进步时及时给予表扬。例如，不敢参与社交活动的孩子偶尔一次和其中一个小朋友说话了，偶尔一次参与其中了，父母都要及时给予表扬，这些都是对孩子积极主动社交行为的鼓励。父母的表扬会帮助孩子建立社交自信，更愿意参与社交活动。

● 给予孩子独立处理自己事务的机会

如前文所言，父母对孩子的过分照顾会造成他的过度依赖，因此在日常的生活中要尊重孩子的独立自主权，在孩子能力范围内，把他的事情尽量交给他自己去处理。如果孩子小，难以顺利完成，父母可以给予支持和帮助。例如，可以教孩子穿衣服的方法，让他不断尝试自己穿衣服。在锻炼孩子能力的同时，孩子也在积累相关的经验，下次会做得更好。社交活动也是同样的道理。

另外，在处理自己事情的过程中，孩子也会学会与他人合作，寻求他人帮助，而不是以自我为中心。

● 为孩子提供更多人际交往的机会

最后，父母要多带孩子走出去，多与人接触，多参加小朋友的活动，也可以邀请邻居或是幼儿园的小朋友到家里做客，为孩子创造更多的与同龄人交往的机会。孩子只有在不断地与人交往中才会体验到其中的快乐，更主动地参与社交。更多的社交活动还会让孩子积累社交经验，提高孩子处理人际冲突的技巧，当孩子主动解决社交问题时，可以获得社交活动的成就感，也就更愿意参与社交活动。

书籍推荐：《不怕被嘲笑》《没有人喜欢我》《大象戏水》

5 攻击是一种成长的驱动力，但需要管理

角色扮演帮孩子理解他人的感受、想法和动机，简单小游戏帮助孩子训练自控力，通过攻击游戏释放内心的焦虑和愤怒。

案例

晚上睡觉之前，毛豆突然想起昨天晚上在手机上看过的一个好看的视频，执意要看，但是他今天的电子屏幕时间已经够量了，所以妈妈拒绝了毛豆，"不能看了"。毛豆马上就急了，并且扬言要打妈妈，妈妈试图讲道理，毛豆的手接着就打了妈妈。这已经不知是毛豆第几次打人了，妈妈很苦恼，想起毛豆第一天上幼儿园因为排队把小朋友抓伤的事情，更加担心起来，这样下去，孩子会不会出现更加暴力的行为？

孩子不如意时很容易出现对父母动手动脚的情况，但是有的父母会发现当孩子没有不良情绪时也会出现动手的情况。孩子出现攻击性行为的目的主要包括探索自己的身体、打招呼、寻求关注、表达愤怒。当孩子处于用手探索的敏感期时，会通过打人等行为试探手的力量；有的孩子会通过打别人一下让其他小朋友和自己玩；另外，当孩子感到无聊时，也可能会打人，试图让父母陪自己玩；当孩子被强烈拒绝或者与其他小朋友发生争抢玩具等冲突时，往往会通过打人、踢人、推、撞、抓脸等行为来发泄愤怒、寻求权力，希望自己可以说了算。

儿童心理学解读
——攻击性

著名心理学家弗洛伊德认为，当一个人内心累积过多的压力时，会透过宣泄的方式释放能量，而攻击就是一种常见的宣泄方式。

英国儿童精神分析学家温尼科特认为攻击性等同于活力与动力。他把攻击性视为一种生命的力量、一种潜能，而其以何种方式表现出来主要依赖于环境，良好的环境使孩子向健康的方向发展，糟糕的环境会使孩子产生过度顺从或更具破坏性的攻击行为。

孩子的攻击性行为有不同的发展阶段。最初是无心的攻击，没有伤害的意图。然后是人际关系和冲突的阶段，其攻击性是有目的的，并且是有意的。如果孩子没有学会社交技能和解决冲突的方式，将会产生一种无助感，从而将通过破坏性行为来补偿这种无助感，以体验力量感。

孩子的攻击性还与受伤、被拒绝、被粗暴对待、受挫有关。理解孩子攻击性背后的情绪可以帮助父母处理其攻击性行为。

01 什么影响了孩子的攻击性

● 天生气质类型

美国心理学家亚历山大·托马斯（Alexander Thomas）和儿童心理学家斯泰拉·切斯（Stella Chess）根据九个维度指标，将儿童气质类型分为三类：容易型、困难型和行动缓慢型。容易型儿童活泼开朗、外向、易与他人相处，愿意接受新奇的事物；困难型儿童则相反，他们生理活动无规律，接受新事物的能力差，不善于与他人建立良好的人际关系；行动缓慢型儿童的特点是对新环境适应较慢，容易对新出现的情况退缩，比较安静、稳重。

研究发现，困难型儿童的情绪特点为易激动、愤怒，出现攻击性行为的可能性高，也更容易在与人交往时出现困难。

● **父母的教养方式**

父母过分急躁、好胜的性格会在无意中影响孩子。当孩子做错事情或者没听从父母时，如果父母采取的是一种命令、控制、威胁的方式，孩子会从中学习到攻击性。

父母的过分骄纵，会让孩子更加以自我为中心，喜欢什么事情都围着自己转，如果稍有不如意就会大发脾气、哭闹甚至打人。有些父母面对这种情况时，会采取妥协、忍让的方式，时间久了，孩子就会产生一种什么都自己说了算的感觉，当受到挫折时，容易出现攻击性行为。

另外，当孩子出现打人等行为，特别是打别的小朋友时，父母会担心别的父母不让孩子跟自己的孩子玩，所以会对打人行为反应过度，比如当众训斥孩子甚至打孩子，从而孩子会形成打人是解决冲突的恰当方式的不合理认知。

还有的父母认为打打闹闹很正常，不把孩子的打人行为当回事。

● **模仿**

孩子在动画片、故事中看到或听到打斗的场景，激发了孩子打斗的好奇心，所以会模仿其中的一些言行。

02 父母的不当做法

● **威胁、恐吓**

当孩子打父母时，往往会激发父母的不良情绪，于是会以一种更加强势的方式企图阻止孩子打人，"我看你敢打！你打一个试试。不可以这样"。

● **当场批评教育**

当孩子与其他小朋友发生冲突，孩子表现出打人等攻击性行为时，父母有时候会因为顾及面子，直接当着其他人的面教育，甚至训斥孩子，"打人是不对的，跟你说了多少次了""下次再这样我们就不出来了""老是打人，没人和你玩儿"。

单纯的批评教育并不能让孩子知道下次可以怎么做，孩子内心的情绪也没有充分释放。如果父母再嘲讽孩子，"下次没人和你玩儿"，他的内心更会产生一种深深的恐惧、自责和无力感。

03 父母的恰当应对

当父母遭受到自己孩子的攻击时，内心肯定会愤怒和委屈；当孩子攻击其他小朋友时，父母又会内疚和自责甚至挫败，这种挫败的感觉可能会深深影响父母。

当孩子出现攻击性行为时，首先应该庆幸孩子并没有攻击自己，他还能用这样的方式把情绪宣泄出来。在参与青少年心理工作的十多年中，我见到了太多用刀子划伤自己的孩子，他们积压了太多的愤怒、委屈和不满，最后全部归咎于自己。情绪就是这样，当不能指向外部时，就会指向自己。有了这样的认识后，父母要意识到，"这是教给孩子表达情绪和解决问题的好时机"。孩子的每一次攻击，都是一次学习情绪表达的机会。

● **教孩子如何交往和解决问题**

①交往能力的训练方法：

可以通过角色扮演的方式模拟人际交往场景和冲突场景，让孩子学习如何与他人打招呼，如何邀请他人加入游戏，发生冲突时如何处理。

以抢玩具时发生冲突场景为例，让孩子扮演抢玩具的小朋友，父母演示玩具被抢后的恰当处理方式，表演得尽量夸张、好玩一点。在这个过程中，孩子不仅学会如何处理冲突，还能够在笑声中释放情绪。

②解决问题的训练步骤

首先，理解别人的感受和看法：可以让孩子说说在角色扮演中他人的感受和想法，帮助孩子理解他人的感受，并且培养他站在他人角度考虑问题的能力。

其次，理解别人的动机：在角色扮演中，如果孩子被拒绝了，让孩子猜猜拒绝他的那个人是怎么想的，可能的原因是什么，这可以帮助孩子了解他人的不同动机。

再次，一起找到可替代的解决方法："如果乐乐想找豆豆玩球，但豆豆拒绝了，乐乐可以做些什么呢？"

最后，后果联想："如果乐乐没有选择那些替代方法，而是选择了把豆豆的球拿走，结果会怎么样？"

● 训练孩子的自我控制能力

经常和孩子玩木头人、老狼老狼几点了、反向口令等游戏。这些游戏有一个共同点就是要听从指令，可以帮助孩子提高自我控制能力。

● 先看到情绪再讨论方法

孩子情绪强烈时是听不进任何道理和方法的。尤其对大一点的孩子，他们已经有了自尊心，当在外面发生打人行为时，父母不要就地教育孩子，也不要强制孩子道歉，可以先替孩子道歉，然后把他拉到别处，表达共情与理解："看得出你非常生气才打人的，能告诉我发生了什么吗？"这样做既避免了偏袒孩子，又给孩子保留了自尊，同时，孩子在叙述的过程中左脑（掌管语言和思维）也开始正常发挥作用了。如果孩子的情绪非常强烈，也可以先不着急让他叙述事实，等孩子的情绪充分释放之后再让他进行叙述。

有时孩子出现的攻击性行为，可能是一种自我防卫。当孩子被他人嘲笑而无法用语言表达的时候，就会攻击他人。此时，孩子需要的是共情，父母要先充分理解孩子受伤的感觉，然后再与孩子探讨除了打人还有哪些其他表达情绪的方法。

● **愤怒的宣泄**

弗洛伊德认为愤怒等负面能量必须被释放，以免逐渐累积而引起疾病，此观点被称之为"液压理论"。愤怒就好比容器里的水压，如果无法以社会可接受的方式逐渐释放出去，就会累积过多，最后以一种极端或不被社会允许的方式，爆发出来。

攻击挫折理论认为，人一旦被挫折情绪激怒，愤怒的情绪就会具有攻击危险，只有当愤怒情绪得到宣泄，才能有效降低攻击性行为。所以，宣泄是一种消除攻击性行为与愤怒的有效方法。可以让孩子在父母的允许范围内发泄，比如打毛绒玩具，此时父母可能会担心，如果孩子老是打毛绒玩具，会不会到外面更爱欺负人。其实，当孩子在想象中得到了满足，就不会在现实中任意宣泄了。

可以让孩子玩兵人玩具，通过双方兵人玩具的打斗，孩子内心的愤怒被充分宣泄出来。攻击游戏并不是真正的暴力，其实孩子非常清楚其中的区别，知道玩具是没有感情的。如果任何攻击游戏都不让孩子玩，他的内心才会真正的压抑。

但是，玩攻击游戏时父母要注意观察、引导孩子，如果攻击游戏中没有"正义与邪恶"两股力量对抗，只是单纯的毁坏攻击，父母可以加入一个坏角色，激发孩子的正义感和同情心，也可以加入一些正面角色，比如警察、消防员，当这些正面角色出现时，必然就会转入到正义的游戏中。当孩子的攻击游戏没轻没重时，父母要及时引导，并在平时的生活中多和孩子玩打闹游戏，让他在游戏中试探合适的力量感。另外，玩攻击游戏一定是自愿的，如果其他小朋友不愿意要学会暂停游戏。

在做心理咨询时经常运用沙盘游戏帮助孩子释放内心的焦虑和愤怒。那些内心愤怒的孩子在进行多次的兵人玩具打斗后，就会慢慢冷静下来。

宣泄愤怒还可以模仿绘本《杰瑞的冷静太空》，和孩子一起制作一个现实中的冷静太空，以便让孩子感觉更好。只有感觉好了，才有可能解决问题。

● 鼓励孩子非攻击的行为

当孩子有情绪，采用了合理的宣泄方式，而没有采用攻击的方式时，父母一定要及时给予鼓励，"刚才宝贝在特别生气的情况下，想到了扔毛绒玩具这个方法，宝贝学会了如何宣泄情绪呢，真棒"。

● 游戏治疗

游戏治疗是让孩子"演绎"心中感情和困境的良机，可以以象征的方式表达他们的潜意识，在这个过程中，指导者以非指导的立场，以无条件接纳的态度和语言来回应孩子的行为，提供孩子去体验成长的机会。

游戏治疗并不只是治疗师的专利，父母也可以通过游戏帮助孩子释放愤怒。

①愤怒飞镖盘

和孩子坐下来，问他当感到特别愤怒时，他有哪些方法可以帮助自己缓解愤怒情绪，避免出现打人行为。把孩子说出的所有答案写在一张硬纸上，做成飞镖盘的样子，并挂在容易看到的地方。然后买一些可以黏墙的软胶玩具，当孩子有情绪时，可以用其扔向愤怒飞镖盘，扔到哪个，孩子就选择哪一种方式进行情绪宣泄，而且扔这一行为本身就是一种宣泄。

②愤怒自画像、愤怒涂鸦

让孩子画自己愤怒时的样子,或者让他随意涂鸦,把内心的愤怒通过绘画表达出来,在涂鸦过程中攻击性行为会逐渐消失。

---

③看图讲故事

首先让孩子在纸上随意涂鸦,孩子画完一笔后父母再加上一些,然后再让孩子涂,这样一起完成这幅作品。可以和孩子画好几幅这样的涂鸦作品,然后让他选择一张最喜欢的,看图说故事。如果孩子不知道从哪说起,父母可以先说一个句子,"从前有一个愤怒的小猪",让孩子接下一句,然后父母接下一句,直到完成整个故事。这个活动不仅可以增进亲子交流和联结,而且可以让孩子通过绘画和故事的方式释放情绪。

> **绘本推荐**：《手不是用来打人的》《我变成一只喷火龙了》《杰瑞的冷静太空》《小手不打人》《为什么不可以打架》

6　让孩子有不说谎的勇气

无意的谎言与认知能力有关，有意的说谎是为了趋利避害，在一个被允许的环境中，孩子才会逐渐积累不说谎的勇气。

案例

宣宣3岁了，刚上幼儿园小班。有一天宣宣妈妈去幼儿园接宣宣回家，顺便和老师聊了两句，老师对宣宣妈妈说："听宣宣说，她周末去了游乐园，玩了旋转木马、碰碰车，玩得很开心，和我说得绘声绘色呢！"宣宣妈妈一听就有点懵，这周末爷爷奶奶到家里来，一家人在家包饺子，根本没有去过游乐园，孩子和老师说的是没发生过的事情，孩子是在撒谎吗？

利利快6岁了，已经上幼儿园大班。有天利利从幼儿园回来，兴高采烈地和爸爸说，今天老师表扬他了，因为他参加讲故事比赛，表现得特别好。利利爸爸听了还挺激动，这孩子平时挺淘气的，没少让人操心，今天可算争了口气。利利爸爸一高兴，还特意给他买了个变形金刚奖励他。晚上和老师沟通时，老师却说，这周没有举行讲故事比赛。利利爸爸立刻意识到，是孩子撒谎了。可孩子为什么会撒谎说自己表现好，被老师表扬了呢？

在父母的印象里，孩子是天真无邪的，如果有一天忽然发现孩子撒谎了，心中难免忧心：这孩子是怎么了？小小年纪就撒谎，是教育出现问题了吗？还是孩子品行有问题？

发现孩子撒谎，父母莫要慌张。孩子的记忆、思维等都还处在不断变化中，说谎现象和他的认知发展水平有关。

儿童心理学解读
——有意谎言和无意谎言

孩子的谎言可分为有意谎言和无意谎言，不同类型的谎言反映了孩子不同的认知发展水平。

无意说谎有两种情况：（1）想象与现实混淆，满足愿望。孩子对幻想与现实的界线常常分不清楚，会把自己想要得到的东西说成已经得到了。（2）认知不成熟导致的心理错觉。由于孩子的认知水平不高、心理发育不成熟，经常表达不清自己的意愿，于是容易产生一种心理错觉，出现说谎现象。

有意说谎有以下四种情况：（1）找借口达成愿望。不想做什么事情时就说自己头疼或者肚子疼，自己拿了别人的玩具却说是别人给他玩的。（2）逃避惩罚或获得奖赏。（3）赢得赞扬。（4）满足虚荣心。孩子有时为了满足自己的虚荣心、在其他孩子面前有威信、获得优越感也会说谎。

对于孩子说谎的行为，父母要学会区分有意谎言和无意谎言。前文中的两个案例，前者是无意谎言，后者是有意谎言。

01 孩子说谎的心理原因分析

● 孩子无意说谎的心理分析

孩子从会说话开始，随着认知能力的不断发展、社会经验的日渐丰富，逐渐开始出现说谎的现象。根据加拿大多伦多大学心理学教授李康的研究，2岁孩子的说谎率是30%，3岁孩子的说谎率达到50%。

孩子早期出现的谎言一般是无意谎言。无意谎言是指孩子说谎时并没有意识到自己在说谎，不存在欺骗意图。这种谎言可能是由于记忆不准确、言语表达不恰当、想象夸张丰富、思维水平有限造成的，常发生于（含）3岁以下的孩子。

处于此年龄阶段的孩子，认知能力并未发展完善，对现实事情的记忆不清晰，往往并不记得发生了什么；或者记忆不完整，通常记不清事情的全貌，只记得些片段，从而可能导致孩子记忆不准确。因此有些孩子将误认为发生过的事情告诉父母，客观上造成了说谎的现象。

此外，这个年龄阶段的孩子容易将虚拟和现实世界混淆，常常会把脑子里想象的事情当作真实发生的告诉他人。

还有一种无意谎言可能是由于孩子的理解和成人不一样而造成的误会。比如，父母让孩子完成一项任务，孩子觉得完成了，但可能与父母所要求的并不一样。

● 孩子有意说谎的心理分析

随着孩子年龄的增长，认知能力的逐步发展，开始出现有意谎言。

有意谎言是一种有欺骗意图的谎言，孩子知道自己在说谎，同时会伴随紧张、焦虑等情绪，常发生于3岁以上的孩子。有意说谎有不同的动机，有的是为了获得父母的关注和肯定；有的是为了逃避责任；有的则是为了获取玩具或某种权益。

有意谎言是孩子认知能力发展的表现。因为一个完美的谎言必须具备两种因素：一个是心理理论，需要了解"我知道和你知道的"以及"我知道你不知道的"；另一个是自我控制能力，说谎是内心和思维极其复杂的过程，说谎者必须要控制好自己的动作和表情不被对方发现。所以，孩子出现有意谎言，表明其心智发育到达更高水平了。

孩子有意说谎的内在动机一般是趋利避害，具体来说可能与以下原因有关。

①需要获得父母的肯定

孩子的自我意识开始萌芽，自尊心逐渐增强，亟须建立一个积极正向的自我。但是孩子的自我评价独立性较差，对自己的认识更多地依赖于父母的评价。孩子渴望获得父母的积极肯定，并借此形成积极的自我形象与概念。当孩子很少得到周围人的积极评价时，其心理需求难以得到满足，就可能通过说谎的方式获得肯定。

②讨父母的欢心

许多父母希望孩子能表现优秀，因此对孩子的表现会有很高的期望，甚至超过其能力水平。如果孩子不能达到期望，父母可能会产生不满，比如板着脸或是批评、惩罚孩子，这就会促使孩子通过说谎讨父母的欢心。

③害怕说实话的后果

孩子的有意谎言还可能是为了逃避惩罚。孩子对这个世界充满好奇心，总想去尝试，难免会犯错；而且孩子都是好动的，一不小心就可能造成破坏。

如果父母对孩子的要求过于严格，一旦犯错就责骂、惩罚孩子，这会给孩子造成巨大的心理压力，导致其害怕说实话的后果，从而刻意隐瞒真相，对父母说谎。正如哲学家罗素所说："孩子不诚实几乎总是恐惧的结果。"

02 父母的不当做法

● 贴道德标签

很多父母一旦发现孩子撒谎，就认为孩子品行不佳，没有耐心去了解孩子撒谎背后的原因，是有意还是无意撒谎，是害怕惩罚还是想获得肯定而撒谎，而是不分青红皂白，上纲上线地批评教育孩子，给孩子贴上不道德的标签。这样的做法不但无益于纠正孩子的撒谎行为，还可能会让孩子更加害怕谎言被戳穿而受到惩罚，用更多的谎言来掩盖错误行为。

● 吓唬孩子

有些父母发现孩子撒谎之后，为了让他下次不再撒谎，会吓唬孩子，比如"你如果下次再敢撒谎，我就叫警察叔叔把你关起来""你如果下次再说谎，我就让大家都知道你是个爱撒谎的孩子"。这样的做法会降低孩子的自尊水平，使他感到自己的低自我价值，或者因为害怕和羞愧而继续说谎。

● 跟家人诉说孩子说谎的现象，强化说谎行为

还有些父母发现孩子撒谎的行为，喜欢找人诉说，和家人说，和外人也说，而且不分场合，也不避着孩子。孩子听到后会觉得羞愧，下次也不敢据实相告。有时候，父母将孩子的撒谎行为到处宣扬，是因为对孩子多次说谎而无能为力，想借助集体的力量来纠正孩子的撒谎行为。但这种做法会造成周围人对孩子以及孩子对自己的刻板印象，认为自己就是个爱撒谎的坏孩子，反而强化了孩子的撒谎行为。

03 父母的恰当应对

了解孩子撒谎的原因后，当父母发现孩子撒谎时，可以怎么做呢？

● **帮助孩子澄清现实**

对于小孩子的无意谎言，父母可以温和地帮助孩子澄清现实。比如，前文第一个案例中的宣宣说谎去游乐园玩，这可能是她自身愿望的表达。那么父母在和孩子交流时可以问她："你是不是很想去游乐园玩？""上周咱们请爷爷奶奶来家里一起包饺子吃，并没有去游乐园，你想起来了吗？""如果你想去，周末的时候，爸爸妈妈带你一起去游乐园好不好？"随着年龄的增长，孩子的认知水平发展了，这种无意谎言慢慢就会消失。

● **营造宽松环境，积极鼓励为主，允许孩子出错**

在前文第二个案例中，利利之所以会撒谎说自己表现好，是希望获得父母的肯定和奖励。对于这样的情况，父母要多鼓励孩子，每个孩子都希望获得父母积极正面的肯定，这就是孩子行为的积极动机。"好孩子都是夸出来的"，积极鼓励的教育方法也同样能培养出能力出众的孩子，并且这样的办法会帮助孩子形成积极的自我概念，树立自信心。当孩子已经从父母那里得到充分的肯定时，也就不会通过撒谎获得表扬了。

此外，父母还应尊重孩子的天性，在安全和规则的范围内允许孩子尝试和探索，并且对他探索的过程和结果都秉持包容的心态。由于孩子的社会经验和生活经验并不丰富，会有违反规则、做错事情的时候，父母要持尊重和理解的态度，包容孩子的错误，但同时也要和他探讨，让其了解不能这样做的原因。这样，孩子既不会因为犯错产生太大的心理压力而撒谎，又能改正自己的错误从而获得成长。

● **与孩子主动沟通，通过鼓励等方法让孩子表达真实想法**

如果发现孩子说谎，父母该如何去纠正呢？

这种情况下，父母要从保护孩子自尊的角度出发，首先表现出对孩子的爱护之心，以及对他的理解和尊重。在此基础上，可以和孩子主动沟通当时的情况，耐心地了解事实，发现事情的矛盾，指出孩子的问题，并鼓励他说出真实的想法。如果孩子害怕说实话的某种后果，父母一定要从根本上解决这些不良后果。在沟通的过程中，父母要保持温态度。只有这样，孩子才会在撒谎后向父母敞开心扉，承认自己的错误。

● **通过绘本故事，让孩子学会诚实**

通过绘本故事《谎话怪兽》和《狼来了》的故事，引导孩子不能说谎，学习做一个诚实的孩子。

● **以身作则，培养诚实的孩子**

最后，父母要给孩子树立榜样，通过生活中的点滴向孩子传递正确的价值观、荣辱观，培养孩子诚实的好品质。

只有父母在平时给予孩子积极的关注、自主的空间、尊重的态度，孩子才会觉得说出真相并没有那么可怕，也会更愿意和父母沟通，从而双方以客观平和的态度共同协商并解决问题。当孩子发现父母对自己的理解、尊重和支持时，就失去了说谎的动机，更不会特意承受心理压力去编造谎言。

> **绘本推荐**　《莎莎的月光》《狼来了》《木偶奇遇记》《谎话怪兽》《伊莱家的谎言机》

7 无处不在的专注力培养

专注力是通向轻松学习的窗口，注意力训练游戏让孩子在未来的学习中更轻松。

案例

小小的幼儿园老师跟妈妈反映，小小在课堂上注意力不是很集中，让妈妈在家多留意。但是妈妈发现，家里的小小看书能看一个多小时，玩乐高积木能玩一上午，上绘画课和英语课也能跟老师很好地互动，没有发现孩子有注意力不集中的表现。妈妈有些疑惑，为什么幼儿园老师说孩子注意力不集中。

儿童心理学解读
——孩子的注意力

俄国教育家乌申斯基曾说道："注意是我们心灵的唯一门户，意识中的一切，必然都要经过它才能进来。"注意力是指把视觉、听觉、触觉等感官集中在某一事物上的能力，具有选择性、指向性、集中性、激活性、警觉性等特点。

孩子集中注意力的时间是很短的。

3岁孩子能集中注意力3~5分钟；4岁孩子能集中注意力10分钟；

> 5~6岁的孩子能集中注意力15分钟左右。玩游戏时，孩子的注意力持续时间可以延长。
>
> 注意力有不同的分类，根据注意的意识水平，可以分为无意注意和有意注意。
>
> 无意注意是没有预定目的，也不需要做出意志努力的注意。比如，突然飞来一只蝴蝶或者突然有响声，孩子会特别容易受到其干扰。
>
> 有意注意是有预定目的，需要做出意志努力的注意。比如上课、学习、阅读，这些都是需要有意注意的事情，需要更多的训练来提高孩子的注意力。
>
> 孩子注意力不集中的表现：上课经常东张西望，做小动作；与其说话时常常目光游离，记不住对方所说的话；记不清老师上课教的内容和布置的任务；逃避、不喜欢或不愿参加需要持久注意力的活动。

01 什么影响了孩子的注意力

很多父母最开始会把孩子注意力不集中的问题归咎为孩子调皮，到了孩子上小学才发现。所以，父母要注意区分孩子是活泼好动还是多动，如果是后者，最好及早进行干预，干预越早，效果越好。

● 生理因素导致的多动

除了妈妈孕期受到过一些物理或者化学刺激可能会导致孩子多动外，以下因素也可能会造成孩子的感统失调：孩子爬行不足，缺少运动或集体活动；过早用学步车，造成前庭平衡及头部支撑力不足；父母太忙碌，造成孩子右脑感觉刺激不足；洁癖症母亲或保姆造成孩子触觉刺激缺乏等。

● 过多干扰导致孩子注意力不集中

在孩子看书的时候,父母总会一会儿让孩子喝口水,一会儿让孩子吃水果;还有些父母会打扰孩子玩玩具,教他自己觉得好玩的玩法。这些都是影响孩子注意力的干扰行为。

● 过早给孩子上各种兴趣班

兴趣班时间过长,比如,很多英语班时间长达2小时,虽然中间会穿插游戏和活动,也会有休息,但是不可避免地会出现重复练习的情况,孩子可能会产生抵触情绪,因此注意力下降。

● 孩子过早过多接触电子产品

很多父母说自己家孩子,在看电视的时候很专注,可一到学习的时候就不能集中了。这是因为电视画面多姿多彩、生动有趣,过度刺激了孩子的大脑,导致孩子可以长时间注意力集中,而学习无法超越电视对孩子大脑的刺激,所以孩子自然也就无法保持持久的专注。

● 对孩子设限过多

父母总是希望孩子读书时能一心一意、不要乱跑、不要插嘴。但是,不同孩子之间的学习风格有很大的区别,有的孩子可能属于视觉型,更喜欢通过看来学习;有的孩子属于听觉型,更喜欢通过听来学习;有的孩子属于动觉型,更喜欢通过动手、实践来学习。所以父母不要对孩子的学习特色、风格设限,要积极引导孩子。

02 提高孩子注意力父母可以做什么

● 避免干扰

孩子在非常投入地玩玩具时,如果没有邀请,不要随意加入孩子的游戏,中间过程尽量不要有喂水、喂水果等行为，可以在孩子中断游戏或发起一个新游戏时给予生活上的照顾。

● **避免过早过多接触电子产品**

对电子产品的使用，要有一定时间、内容的限制，但是不要限制过多从而激起孩子的急躁情绪。

● **了解孩子的认知风格**

尝试了解孩子的认知风格，比如通过提供阅读资源、音频资源，采用动静结合的学习方式、游戏方式，观察孩子更喜欢哪种方式。

有的孩子经常不能听从老师的安排，可是当老师用图片做了一个日程表，就能够很好地遵守了，这类孩子属于视觉型。父母可以在家里做一个图片日程表来提醒孩子该做什么。

如果孩子属于动觉型，父母可以通过游戏或者活动帮助孩子来学习。比如，教孩子英语单词时，可以把单词卡在客厅排成一排，然后用溜溜球去撞击卡片，撞到哪个就学哪个。通过这样的游戏，孩子可能更容易专注。

● **听故事、讲故事大赛**

当孩子仅仅作为信息接收方时，很难注意到其注意力问题；但是当孩子需要信息输出时，就能很明显地发现他的注意力是否集中。所以，讲故事是一个很好的方式。可以每天让孩子和父母各讲一个故事，然后评选故事大王，甚至可以在孩子讲故事的时候录制下来，发到班级群或者朋友圈，让孩子有一种极大的满足感和成就感。当孩子逐渐可以把看的故事讲出来时，其本身就是专注的过程，而且孩子还学会了对故事内容进行整合。

● **培养孩子的阅读习惯**

苏联教育家苏霍姆林斯基曾说过："让孩子变聪明的方法，不是补课，不是增加作业量，而是阅读、阅读、再阅读。"

父母和孩子一起阅读时，不妨把他抱在怀中，让他感到温暖和愉悦，这就形成了一种联结，阅读与愉悦感的联结，这样孩子每次阅读的时候都会产生快乐的感觉。

● **注意力训练游戏**

①抓手指游戏

一家人围成一个圈，伸出双手，左手掌心向下，右手食指向上，顶在旁边家人的左手手心下，然后说："蜻蜓蜻蜓落，这里有草垛，抓！"当听到"抓"的时候，左手掌心要快速地抓住别人的食指，右手食指要想办法不被抓到。这个游戏能很好地锻炼注意力。

②后背画画或写字

在孩子的后背上画一些图形，比如圆形、三角形、正方形、太阳、五角星，或者一些数字，让孩子猜画的是什么。这个游戏可以提高孩子的触觉敏锐度，从而提高其注意力。

③传话筒

一家人可以一起玩这个游戏，如果只有三个人可以这样玩，第一个人说一句话，用耳语的方式传给第二个人，第二个人也用耳语的方式传给孩子，让孩子最终说出传的那句话是什么。可以逐渐增加难度，最开始可以是一个词，然后一句话，难度再大一点可以是几句话连在一起。

④听指令做事

首先跟孩子介绍一下游戏规则，让孩子按照父母说的话给父母下指令。父母先说："请你走到窗口把窗户关上，然后把卧室的门打开，拿来一把蓝色的椅子，坐在椅子上唱一首歌，唱完之后向上跳三跳。"此时孩子只负责听，不负责做。接下来请孩子反过来指挥，父母按照孩子的指令去做。这个游戏不仅可以训练孩子的注意力，也可以增强孩子的力量感。

⑤囊中探物

可以先根据孩子的年龄收集一些物品，比如玩具、纽扣、电池等，然后把这些东西放进一个袋子里。接下来，请孩子闭上眼睛或者用眼罩把孩子的眼睛蒙起来，父母从袋子里拿出一样东西放在孩子手上，让孩子通过触摸猜猜是什么。把孩子能够识别的物品放在一起，结束后让他看到自己可以正确识别的物品。一轮结束后，换父母来猜物品，可以适当示弱，故意猜错一些物品，让孩子愿意挑战下一轮。

⑥找不同

找不同游戏可以很好地训练孩子的专注度。买一些找不同的书籍，和孩子一起来找。另外，也可以进行真人版找不同游戏，先让孩子仔细观察父母5秒钟，然后父母转过身去，改变身上的两样东西，让孩子找出哪里发生了变化，下一次再多一个变化。下一轮可以让孩子做出变化，父母来找不同。

⑦走迷宫

可以买走迷宫的书籍或者用积木让孩子自己制作迷宫，甚至用笔来画迷宫，这些都是训练孩子注意力的好方法。

⑧运球运动

踢足球、拍篮球可以锻炼孩子的注意力，特别是边拍球边数数，更能提高孩子的专注力。小一点的孩子可以和父母一起玩接球，比如把各种小球放在桌子上，父母每次发一个小球，孩子负责接住，还可以根据孩子的状态逐渐增加发球频次，从而锻炼孩子的手眼协调和注意力。

⑨借助动画角色

可以让孩子想象自己是动画片里的一个人物，比如巴克队长，然后给自己设定一个动作，当发现自己上课走神时就做出那个动作，提醒自己是巴克队长。父母还可以在上课前在孩子手心里贴个巴克队长的贴画，让孩子更有情景感和代入感。

⑩数字游戏——舒尔特方格

在一张纸上画 25 个方格，在格子内任意填写阿拉伯数字 1~25 共 25 个数字。训练时，让孩子用手指按 1~25 的顺序依次指出其位置，同时诵读出声，父母在一旁记录所用时间。数完 25 个数字所用时间越短，注意力水平越高。舒尔特方格也可以做一些变式，比如变成16个格子。

11	18	24	12	5
23	4	8	22	16
17	6	13	3	9
10	15	25	7	1
21	2	19	14	20

绘本推荐：《小金鱼逃走了》《章鱼小香肠双胞胎》

8 从三分钟热度到愿意坚持

当感觉到"我可以掌控周围的环境和当下事情"时，孩子才愿意坚持下去，父母要鼓励孩子做到的每一步，借助愿景和成功经验激励孩子坚持下去。

案例

5岁的波波在学东西的时候总是遇到困难就想放弃。学骑自行车的时候，妈妈把后面的平衡轮撤掉，波波有点不乐意，但还是上去骑了，刚开始歪歪扭扭地往前骑，看得出波波有些紧张，差点摔倒，波波扔下自行车大喊："妈妈，明天把平衡轮装上，我不想骑了，太难了。"画画的时候，遇到困难就不想画了，趴在桌子上，"我不会画，太难了"，甚至趴在地上玩起来。拍篮球的时候，拍两个拍不起来了就说不拍了。

儿童心理学解读
——挫败感

西格尔在《全脑教养法》中提到儿童的大脑就像一幢两层小楼，分为上层大脑和下层大脑。孩子遇到困难很容易陷入情绪中，原因就在于孩子的上层大脑在"建设中"，不能很好地去控制下层大脑。成人的大脑已经发育成熟，负责理性的大脑皮质可以做出理性评估和决策，在遇到困难时，虽然会产生想要放弃的想法，但往往会想着目标，通过自控力，调用之前

> 成功的经验来克服困难。但是孩子遇到困难后会产生强烈的挫败感，陷入情绪中而无法让大脑皮质发挥作用，所以往往会选择放弃。
>
> 另外一个影响孩子放弃的原因是掌控感，就是自己可以控制周围事物的感觉。当孩子遇到挫折之后，就会产生"我没办法做到，我掌控不了当下学习的内容"等类似的想法。

01 父母的不当做法

当看到孩子拍球总是拍不了几个、跳绳总是跳不过去、画画总是画不好时，父母很可能会着急，会有种恨铁不成钢的感觉。有时候，父母表面上会跟孩子说"没关系，没关系"，但是内心的焦虑和着急已经写在了脸上，而敏感的孩子能够解读出这些情绪信息。带有着急、焦虑、挫败的父母经常会给予孩子下面的回应。

否定情绪：哭什么？这点事有什么可哭的？

讲道理：做事情不能遇到困难就放弃，要坚持……

提建议：你可以试试另外一个方法，可以多尝试几次。

批评教育：每次遇到事情就哭、就想放弃，你这样以后能做成什么事！

抱怨比较：这孩子怎么每次都这样，你看别的小朋友一直在练习。

着急解救：不会做先别做了，不能让这点事把咱难为成这样。

从上面的回应中，能看到两类父母的身影：一种是希望孩子能够拥有坚持不懈的品质，遇到事情能够自己想办法克服困难的高期望型父母；另一种是过度保护型父母。第一种情况多见于年轻父母，希望自己身上优秀的品质可以在孩子身上得到很好的传承，当发现孩子总是遇到困难就放弃时，不免会失望、着急。第二种情况以老人居多，老人希望孩子快乐，不希望他难过，所以遇到事情就会替代和包办。

试想一下，当我们自己有情绪时，听到别人回应："有什么大不了的，至于吗？"我们可能会感到自己被嘲笑了，自己不应该这样，也许还会决定以后有什么事情再也不会和那个人说了。孩子也是这样的感受，会认为"我不应该哭，但我控制不了""我讨厌你，你不理解我"。

孩子沉浸在沮丧的情绪中时，听不进任何道理和建议。因为孩子的情绪卡住了，理解的通道是堵塞的、不通畅的，所以没有办法理解父母说的话。

批评教育和指责比较，这两种方式就更糟糕了。孩子遇到困难时已经觉得很沮丧和挫败了，这时候内心会产生"我怎么就是做不好，我怎么就是学不会，我怎么这么笨"的想法，结果还被父母数落，会让孩子有一种深深的压迫感，自我价值感降低。

最后一种回应是直接把孩子解救出来，选择了放弃，孩子的情绪当然会马上好起来，但是他会在做各种事情中体验到更多的挫败感，最终导致自卑。因为真正的自信是在做事情的过程中建立起来的，而孩子没有学会如何克服困难、解决困难，也就很难发展出坚毅的品质。

02 父母的恰当应对

● 接纳与共情

正面管教中有一个理念就是"感觉好才能做得好"，所以父母要想办法调动孩子"好的感觉"。当孩子处于沮丧、挫败的情绪中时，要先让孩子感觉好起来。

首先，要共情孩子的感受，让孩子觉得他被理解。

"拍球总是拍不起来,你感觉很沮丧,这球太不听话了。"

"刚才画画的时候,你看到老师画的很直,但你画的总是弯的,所以有些着急了。"

"骑自行车的时候,你感觉晃来晃去,有些紧张害怕,是吗?"

- **给予孩子心理支持,让孩子可以随时寻求帮助**

当孩子遇到困难的时候,父母要提供帮助,让孩子对父母有一种心理上的可得性,而不是当孩子说"来帮帮我"时,回应"这么大了,自己来,自己的事情自己做"。父母希望培养孩子的坚毅品质,能自己去克服困难,但是孩子学习好品质需要父母的帮助。当父母说"自己的事情自己做"时,孩子会说"什么都让我自己做",他想要表达的是:我需要你的时候你不帮我,没有人帮我,我是孤独的,我也不想尝试了。孩子会产生很强烈的不安全感,总感觉自己要去独立面对很多事情。所以,父母要在爱和锻炼之间找到一个平衡,给孩子心理上的安全感,让孩子感觉有父母的支持,在这个基础上,父母再给予帮助。帮助分为实际帮助和心理帮助,一起来看看下面的例子。

孩子滑轮滑的时候摔倒了,当然摔得不厉害,这时候孩子喊爸爸过来帮忙,爸爸说:"好的,来了。"但是爸爸到了那里之后并没有马上扶起孩子,而是引导孩子让他自己站起来。孩子刚学骑自行车的时候,希望妈妈在身边扶一下,妈妈答应得很痛快,跟在孩子后面,双手做出扶自行车的架势。父母提供的心理帮助会大大缓解孩子的紧张焦虑,当孩子逐渐找到掌控感后,会自动让父母离开自己。

- **父母有意示弱,增强孩子的掌控感**

孩子学习新东西的时候总会遇到挑战,容易产生挫败感,此时父母可以向孩子有意示弱,增强他的掌控感与自信心。

比如,波波学自行车的时候,妈妈就给波波讲自己小时候学自行车的故事，夸张地说自己那时候学自行车时，摔了个大屁蹲，到现在还觉得疼。孩子一听，乐得前仰后合，然后继续学习骑车。

● **借助愿景和成功经验激励孩子**

我儿子小时候学画画的时候，我也曾担心孩子会遇到困难学不下去，有一次老师把孩子的画在网上装裱之后，我特意告诉他："看到没，老师太喜欢你的画了，把你的画挂在她家里了。"当孩子遇到困难想放弃的时候，我也用了这个方法，"老师的朋友去老师家里看到你的画都说，这是哪个小朋友画的，这么小就画这么好，听说他明天还要画一张。快点画吧，大家都等着看你今天画的消防车呢"，于是儿子克服困难，又画了起来，后来每次都盼着上美术课。

父母可以经常和孩子说起他曾经做过的了不起的事情，比如学骑车，通过不断地练习最终学会了。父母要肯定孩子努力的过程，强化他遇到困难时如果坚持去练习、想办法解决问题，一定会做到自己想做的。下面这个好玩的游戏，父母也可以和孩子玩起来，在游戏中帮助孩子体验成功的经验。

神奇的手： 准备一张A4纸，让孩子把双手放在纸上，画出孩子手的形状。画好之后问问孩子，每根手指有什么特别的本领或具备哪些好品质，让孩子列举说明下。比如很会与别人互动、很有礼貌；还可以是学会的一些技能，比如骑自行车、骑滑板车、自己叠衣服、整理玩具等。然后，问问孩子哪种颜色与他说的这些技能或好品质相匹配，并让孩子在画上的手指涂上颜色。如果是孩子最近新学会的技能，可以请孩子分享学习新技能的过程，问问他当时是怎么做到的。大人也可以帮助孩子总结一下通过学习过程他具备了哪些好品质，比如坚持不懈等。

绘本推荐：《了不起的小红鸟》《坚持到底不放弃》《小象柚子大冒险》

9 拥有更多自主权的孩子更自信

自信，不是来自周围人虚无的赞美，而是发现自己真的可以做到。父母需要及时鼓励，小步轻推，不断给孩子创造成功的体验。

案例

5岁的姗姗是个活泼可爱的小姑娘，在家里爱唱、爱跳、爱表现，常常会模仿在电视节目里看到的舞蹈，并表演给家里人看。可是，姗姗到了幼儿园就不太积极主动了。有一次，幼儿园选拔小朋友参加新年联欢会的舞蹈节目，老师让姗姗参加，姗姗不去。回家后，妈妈问姗姗："为什么不去参加舞蹈队呢？"姗姗说："妈妈，我不敢去。"升入大班后，姗姗所在的班级每周三会邀请一位小朋友到全班面前做"趣事播报"，给大家说说这一周幼儿园里发生的趣事，小朋友自主报名。妈妈希望姗姗也能参加一次，并告诉姗姗，妈妈也可以帮助她一起准备，可是任凭妈妈怎么说，姗姗就是不想参加这个活动。妈妈问姗姗为什么不想参加，姗姗说："我害羞。"

姗姗的妈妈很着急，看到她这也不敢、那也害羞，这么没有自信，将来还怎么在社会立足？所以希望能获得儿童心理专家的支持，帮助姗姗树立自信。

自信，从外在的行为表现上看，是一个人积极主动，敢于在众人面前表现自己；从内在的心理过程上看，是一个人认为自己足够好，自己的意见会得到他人的重视，自己的观点会对他人产生影响。而人的行为表现源自心理过程，只有当一个人认为自己足够好，会受人欢迎时才会敢于表现自己。

> **儿童心理学解读**
> **——自我概念**
>
> 自我概念是一个总称，指个体对自我的理解，代表个体对自我作为一个独立独特的个体存在的理解。自我概念发展包括自我意识、自我定义、自尊。
>
> 孩子在出生后一年左右开始有自我意识。自我意识，指个体对自己心理、思维及行为活动的体验、认识与调节，比如孩子开始觉察自己的身体、感觉、行为等。自我意识是自我概念的起始阶段，孩子能将"我"与他人分开，但此时的感觉较为模糊，不够精确。随着孩子年龄的增长，认知和语言的进一步发展，自我概念由自我意识逐步向自我定义、自尊发展。孩子会从父母的评价和反馈中认识自己，并形成自尊。当孩子感觉自己是被爱着的、有价值的、优秀的、有能力的，才会发展出健康的自尊心。
>
> 所以，培养孩子积极的自我概念有着十分重要的意义。

01 孩子什么情况下会不自信

● 感觉环境不安全

学龄前儿童对安全感的需求很高，不熟悉的环境会让他觉得不安全。比如前文案例中的姗姗，当面对上舞台表演、当众发言等陌生、不曾经历的情境时，就会感到不安全，产生害羞、害怕的情绪，从而不敢在众人面前表现自己。

● 担心负面评价

孩子在建立自我概念之初,对自己的认识均来自外部的评价,而随着自我概念和自尊心的逐步建立和发展,更渴望得到外部世界的积极评价,同时也会排斥消极评价。有些孩子在幼儿园表现出的自信心不足,可能是由于害怕老师和同伴对自己的负面评价,而羞于在全班面前表现自己。

● 父母过于严厉

很多父母在社会竞争压力中所产生的焦虑常常会表现在对孩子的教育中,比如想让孩子"赢在起跑线上",就是父母焦虑的典型表现。在这种想法下,父母常常会对达不到自己要求的孩子非常严厉,这给孩子带来深深的挫败感,同时因为担心父母的负面评价而不敢表现自己。父母严厉的批评对孩子来说,是巨大的情绪压力,孩子会更不自信。

● 敏感气质类型

属于敏感气质类型的孩子,对环境信息十分敏感,环境的细微变化都能被其捕捉到,并本能地做出自我保护的反应,比如产生害羞、害怕的情绪或者退缩、逃避的行为。

02 父母的不当做法

● 批评孩子

"怎么这么胆小,这么点事都不敢做,将来还有什么出息""胆子大点儿,你看人家琪琪多厉害,哪像你这么没自信,向人家好好学学",这样批评的话,不仅包含了对孩子的批评,还有对孩子的不满以及自己的焦虑。孩子可能原本就是因为担心获得负面评价而不敢表现,父母的批评反而印证了孩子的担心,让孩子更加不敢表现自己。同时,父母话语中的不满、焦虑等情绪也会传递给孩子,让其感受到更大的情绪压力,从而更加谨慎和退缩。

批评的另一个坏处是给孩子贴上"胆小""不自信"的标签。当孩子遇到需要表现自己的时候，就会产生这样的自我暗示，"我就是一个胆小的孩子""我就是不太自信"，并以此来解释自己的表现。孩子会把一些暂时性的退缩或害羞行为当成自己的某种性格而固化下来，不去努力突破和改变，变成一个没自信的人。

● **催促孩子表现自己**

有些父母在教育孩子的时候会注意方式方法，在孩子表现出不自信的行为时，可能不会直接批评，但是内心仍然有所不满，或者担心孩子将来会丧失机会，难以成功。在这些情绪的驱动下，父母会催促孩子："你上去吧，妈妈支持你！""这有什么好怕的，别怕，要努力坚持！""咱们昨天不是练习过了吗？按照昨天练的表现就行，必须上去！""男子汉大丈夫，一定要坚强！"

这些话听起来好像是在鼓励孩子，实际却充满一种绝不允许孩子退缩的暗示：只有上前表现一条路，没有第二条路可以选择。假如孩子只是对环境感到不安全和害怕而不敢表现呢？假如孩子只是因为属于敏感气质类型，所以在比较陌生的环境难以适应呢？强行让孩子在害怕的情绪状态表现自己，会导致孩子难以正常发挥，失败的可能性会更大，而失败的结果又会反过来强化孩子的不自信行为。

03 父母的恰当做法

美国著名心理社会学家爱利克·埃里克森（Eric H. Erikson）提出了人格的社会心理发展理论，将人的心理发展分为八个阶段，每个阶段都有其社会心理任务。其中，处于第三阶段学前期的孩子（3~6岁），要培养他的主动性，让孩子体验目标的实现，帮助他逐渐树立自信的个性特征。那么父母该如何培养孩子的自信？

● 理解和共情，缓解孩子的不安全感

在前文分析孩子不自信的原因中谈到，有些孩子是由于对新环境感觉陌生，觉得不安全，感到害怕；或者孩子属于敏感气质类型，在面对变化的环境时会感到不安全或紧张。此时，父母要和孩子共情，表示对孩子当下情绪的理解。当孩子觉得自己的情绪被理解、被接纳时，内心的害怕、担心、紧张情绪会大大缓解，逐渐对周围的环境放下心来。当孩子逐渐放松的时候，才会更加自如地表现自己，更敢于在众人面前真实表达，也更可能获得成功。而成功的体验又会给予孩子积极的经验，让他下次在面临相同情境的时候更愿意自主表现。

● 倾听孩子的理由，尊重他的选择

当孩子不愿意当众表现时，父母可以静下心来听听孩子的想法和理由，给他一个真实表达的机会。父母可以问孩子："你为什么不想上台表演？"在孩子表达自己的想法后，父母首先应该表示理解和尊重，然后根据他的回答，给予孩子进一步的帮助。孩子可能会回答说："我害怕。"此时，父母可以缓解孩子的害怕情绪。孩子也有可能会回答说："我担心自己做错。"那么父母就可以给予更多的鼓励和支持，并告诉孩子，错了也没关系，无论他做得怎么样，父母都一样爱他。

当父母能给予的支持和帮助都做到了，可孩子还是不愿意主动表现，那就尊重孩子的选择，接纳他当下的情绪和行为。当孩子放下来自于他人负面评价的担心，也无须承担来自于父母的情绪压力时，孩子才可以放心地做自己，这反而增加了他主动表现的可能性。因为一个足够安全的心理环境才会让孩子敢于表现，乐于表现。

● 及时鼓励，小步轻推

面对孩子不自信时，可以采取一些积极的干预行为。在干预之前，父母

要先树立一个观念，孩子的这些行为并不是固定的，现在的某些行为并不代表以后一直会这样。事实上，孩子会有各种各样的行为，有时会积极主动，有时会害羞退缩，即使在相同的情境下，孩子每次的表现可能也是不一样的。如果父母想要帮助孩子树立自信，可以注意观察孩子的行为，一旦孩子表现出比较主动的行为，就及时鼓励。例如，孩子见到陌生人总是害羞，偶尔一次主动打招呼了，就要及时予以表扬。父母的表扬会让孩子心情愉悦，下次就更愿意积极主动地打招呼。此外，父母的表扬还能帮助孩子看到自己积极主动的一面，从而对自己积极的行为产生认同，自我认同会和积极行为形成正向反馈环，表现出更多的积极行为。

另一个方法是降低孩子主动表现的难度，小步轻推，帮助孩子逐渐树立自信。例如，孩子不敢当众发言，可以先鼓励他在只有一个陌生人的环境下表达自己，逐渐扩大听众范围；或者要求他站起来，可以只说一句话，逐渐增加语句；或者只要求孩子举手，万一被老师叫到了，可以不站起来发言。总之，降低任务难度，让孩子可以完成这一挑战。一旦孩子完成低难度的任务，则加以表扬和鼓励，当孩子觉得这件事情已经非常容易之后，再加大任务的难度。这样每次增加一点难度，小步轻推，孩子的自信就会逐渐树立起来。

绘本推荐：《我喜欢我自己》《胆小鬼威利》《凯能行！》《戴眼镜的露娜》《我要更自信》

> **专题** 用你的等待打动不听话的"熊孩子"

3~5岁的孩子由于自我意识慢慢增强，会进入第一个逆反期，主要表现为什么事情都喜欢自己做、和父母对着干、不听话等。

美国儿童心理学家鲁道夫·德雷克斯（Rudolf Dreikurs）在他的著作《孩子：挑战》中写道，"不论什么时候，当我们命令或者强迫孩子做事情，就会导致权力之争……而解决权力之争最好的方法就是要放弃大人的专制、暴力，真心与孩子合作"。

孩子不听话的背后是与父母之间发生的"权力之争"。孩子希望自己说了算，而父母希望孩子听自己的，于是会用命令、说服，贿赂等方式达到自己的目的，孩子有时候会迫于父母的威力而选择服从，但大多数时候更愿意我行我素。

破除权力之争最好的方法就是父母给予孩子更多的自主权，同时用温和的方法赢得孩子的合作。

另外，孩子不听话的背后也是他在试探规则和界限。孩子需要在与父母的互动中恰当地受挫，才能了解现实的世界，了解自己能力的大小，这也是一个打破孩子全能感的过程。父母需要采取温和而坚定、智慧而有力的方式帮助孩子既不会因为全能感受挫而过度产生挫败感，又能在父母的引导下慢慢理解社会规则和家庭规则。

01 父母的不当做法

●"不要"常挂嘴边

当孩子做父母不让做的事情时,父母往往把"不要"挂在嘴边,"不要动那个""不要跑"……

心理学上有一个著名的"白熊实验"。哈佛大学心理学家丹尼尔·韦格纳(Daniel Wegner)先给受试者播放关于白熊的影片,之后对他们说:"在接下来的5分钟里,请不要去想白熊。"可结果发现,受试者越被要求不要想白熊,就越无法控制地想起白熊。越不让对方做什么,对方越想做什么,心理学家把这个效应称为"讽刺性反弹"。这可以用来解释,为什么父母用"不要"限制孩子时,孩子根本就不听话。

● 通过强制让孩子配合

当父母通过限制、讲道理而孩子依旧不顺从时,父母的内心会渐渐失去控制感,从而产生强烈的情绪,试图通过更加强硬的方式让孩子顺从,"你不听话妈妈走了""你不听话妈妈不喜欢你了",这样的回应会将孩子置身于一种强烈的不安全感中,虽然孩子可能会因为害怕而顺从,但他的大脑在这种状态下其实是没有办法思考的。父母这样的话说得多了,孩子就会对周围的人产生极大的不信任感,认为他们随时可能抛弃自己,他们是不值得信任的,同时会对自己产生怀疑,认为自己是不被爱的,父母的爱是有条件的,慢慢会形成讨好型人格,与他人交往中可能会更多地考虑他人,看他人表情行事,而忽略自己内心的真实感受。还有些父母可能采取暴力的方式,"赶紧的,再这样就挨揍了",这种方式只会让孩子的自尊心下降,变得更加叛逆,不听话。

02 父母的恰当应对

● 借助逆反心理，正话反说

父母可以借助孩子的逆反心理，当想让孩子做什么时换成不让他做什么，孩子反而会按着父母的意思去做。例如，当父母想让孩子来吃饭时，就告诉他："我们吃饭了，乐乐不饿，乐乐不吃。"当想让孩子画在本子上而不是到处乱画时，可以很神秘地跟孩子说："宝宝，千万不要在这个本子上画。"

● 告诉孩子为什么而不仅是做什么

有主见的孩子听不进直接的命令性语言，所以需要通过一些科学的或者好玩的解释，让孩子愿意服从指令。

乐乐和妈妈乘坐大巴车的时候，司机要求每个人都要系好安全带，但是乐乐无论妈妈怎么说也不系。这时妈妈想到了一个办法，拿出手机来查找系安全带的必要性，正好有一个视频：有个人因为不系安全带，遇到突发情况时从窗子里飞了出去，乐乐一看这么危险，马上同意系安全带了。如果妈妈直接通过讲道理的方式劝说孩子，孩子有时候因为语言限制，不能很好地理解其中的道理，而视频、动画这种直观的方式可以帮助孩子理解复杂的道理。

除了科学的解释，也可以采用游戏的方式，用孩子可以听懂的语言进行解释。例如，孩子吃饭前不爱洗手，怎么说也不去，父母可以扮演他身体的小细菌，表演在他身体里耀武扬威的场景和他因为细菌太多而肚子疼的场景。相信通过这样的表演，孩子通常会乖乖去洗手。

● 下达命令后给孩子缓冲时间

很多父母在发出指令之后，总希望孩子立马服从，比如提醒孩子刷牙、洗澡，孩子就要立马去；叫孩子来吃饭，孩子就要马上过来；孩子做了违反规则的事情，父母说了孩子就需要马上听。而面对孩子的不听话，父母往往会感到挫败、气愤，此时，不妨给孩子、给自己一点缓冲时间，等双方都冷静下来之后，父母再温和而坚定地表明立场。

果果不知从什么时候开始养成了一个习惯，就是吃饭的时候听故事。一开始还没什么，后来一听到入迷了，嘴里咀嚼的动作就会停下来，导致每次吃饭都要吃好久。于是妈妈和果果商量，以后吃饭的时候不听故事了，要不然会消化不良。果果不同意，"不，我就要听"，妈妈没有再和孩子理论。吃饭的时间到了，果果又像往常一样边吃饭边听故事。妈妈提醒果果把故事机关了，可果果依然不同意，妈妈没有着急，但是依然很坚定地说："是妈妈帮你关，还是你自己关？"果果一看妈妈是认真的，马上乖乖地说："我听完这一个就关。"

● **温和而坚定地执行规则**

孩子是非常敏锐的，他可以通过父母与他的互动，判断父母是前后一致的还是容易妥协的。所以在父母制定了一个规则后，要在执行过程中保持前后一致，否则后续的执行将会遇到很大的困难，因为孩子总是在不断试探父母的底线与其中的边界。还是以果果吃饭听故事举例，第一次果果很自觉地把故事机关掉了，但第二天又把故事机拿到了饭桌上，可能是无意识的，也可能想看看妈妈会是什么反应。妈妈当然也不会妥协，于是温和地提醒果果，"你要是想听故事，把这个故事听完再来吃饭吧"，果果只好拿着故事机到沙发上去听，听完后才回到饭桌上。经过多次提醒，果果终于养成了认真吃饭的习惯。

● **让绘本成为父母的有力助手**

孩子不听话，很多时候是因为不知道为什么要这样做，比如要坚持每天刷牙、要定期洗澡、吃饭要细嚼慢咽等。但父母直接的讲道理却很难有好的效果，这与孩子的思维发展阶段有关。著名心理学家皮亚杰指出0~2岁的孩子处于感知运动阶段，主要靠感觉和动作探索周围世界；2~7岁的孩子处于认知发展的前运算阶段，主要通过模仿、想象等来进行表象思维，所以难以建立洗澡、刷牙与身体健康的联系，也就没有办法内化这些行为，导致无论父母说多少遍道理，孩子也听不进去。而绘本故事中生动的人物或动物形象，可以让孩子直观地感受到洗澡、刷牙的乐趣，也愿意模仿。所以当孩子在某些行为习惯上不听话时，不妨找一些相关的绘本和孩子一起阅读。比如，让孩子爱上洗澡的绘本有《小宝宝爱洗澡系列》《兔宝宝的洗澡时间》，让孩子爱上刷牙的绘本有《我去刷牙》《牙齿大街的新鲜事》《鳄鱼怕怕牙医怕怕》《小熊不刷牙》等。

● 转移注意力

有一次，我儿子晚上感到无聊，拿一个小棍子敲暖气片，我怕影响邻居，提醒他这样会影响别人，他看了我一眼，然后继续敲，于是我就用转移注意力的方式让他从对暖气片的关注转移到别的方面。我用非常夸张的语气说："我看到有只小老鼠跑这里来了，咱们去看看。"他立马好奇地跑过来，但发现没有，又回去敲暖气片。这时我又装作小老鼠，准备和他玩猫抓老鼠的游戏，"我是小老鼠，我钻到洞里了，快来抓我啊大花猫"，说着我关上卧室门等着他过来，他很快就跑来和我玩起了猫抓老鼠的游戏。

当孩子做出不听话的行为时，父母不妨尝试转移他的注意力，比如更好玩的游戏，其实孩子有时只是为了引起父母的注意。当孩子在游戏中获得了快乐之后，再来教育孩子，如果下次想让父母陪他一起玩，可以怎样提出邀请。

● 玩起来不想回家的应对法

让很多父母头疼的还有孩子在外面玩起来不想回家，每次都要叫好多遍。面对这种情况，父母要怎么做呢？

①提前告知，跟进提醒

孩子在外面玩往往会比较兴奋，当父母在孩子兴奋的时候，特别是其他孩子没有离开的时候让孩子回家是非常困难的。很多父母会一遍遍地叫孩子，当孩子说再玩一会儿，父母就再等一会儿，孩子又说再玩一会儿，父母又再等一会儿，直到不得不走的时候，父母开始强行拖孩子回家。

为了避免这种情况的发生，父母可以提前告诉孩子什么时候回家，出去玩之前就告知孩子，"我们玩1小时就回家好吗？等一会妈妈会提醒你"，这样的告知会让孩子有一个心理准备，不至于当他从他感兴趣的事情中被拉出来时产生很突然的感觉。但是父母千万不要指望告诉了孩子回家的时间，到点了孩子就一定会马上回家，所以父母可以在快要到点的时候提醒孩子几次，让孩子做足离开的准备，"宝贝，还有10分钟我们就要回家了""还有5分钟我们就要回家了"……如果孩子还是不想走，父母可以和孩子协商，"你想再玩几分钟"或者给孩子有限的选择，"你想再玩1分钟还是5分钟，"孩子对自己说过的话更容易遵守。

②共情接纳，游戏助力

孩子玩得非常兴奋时，即使父母提醒多次，孩子依旧不想回家。此时切记不要试图和孩子讲道理，"你怎么说话不算数，刚才来之前不是说好了吗，要是这样，下次不带你出来玩了"。因为在孩子情绪不好的时候，他是没有办法理性思考的。

《全脑教养法》中提出了整合左右脑的概念，右脑与情绪、想象有关，左脑与思考、语言有关，当孩子没有学会整合左右脑时，很容易陷入情绪中，此时孩子的左脑是无法正常工作的。

所以，父母要先接纳孩子的情绪，"妈妈知道你玩得特别开心，还想再多玩一会儿，明天我们可以多玩10分钟""妈妈现在要像兔子一样跑，你要当大灰狼还是大老虎""现在谁要和我来玩猫抓老鼠或者警察抓小偷的游戏"。总之可以通过孩子感兴趣的游戏，让他从刚才玩的兴奋中转移到另一个兴奋中，让孩子保持好的情绪，然后顺势跑回家。

　　孩子不听话，只是父母还没有找到让孩子听话的办法。奥地利教育家鲁道夫·斯坦纳（Rudolf Steiner）说："教育始于孩子让我们为难的那一刻。"孩子让父母为难的时刻，也是父母需要成长的时刻。

绘本推荐 《不一样的耳朵》

参考文献

[1] 刘文利,李佳洋. 对我国儿童睡眠现状的再认识[J]. 教育家,2021(25): 63-65.

[2] 王连积,孙奎立. 晚睡对儿童身心发育影响的研究进展[J]. 中国学校卫生,2021,42(06): 944-949.

[3] 胡冀,杨新文. 移动通讯微波辐射对儿童脑发育影响[J]. 中国公共卫生,2012,28(08): 1113-1117.

[4] 德雷克斯,索尔兹. 孩子:挑战[M]. 甄颖,译. 四川:天地出版社,2020.

[5] 西格尔,布赖森. 全脑教养法[M]. 周玥,李硕,译. 北京:北京联合出版公司,2017.

[6] 鲍尔比. 安全基地:依恋关系的起源[M]. 余萍,刘若楠,译. 北京:世界图书出版公司,2017.

[7] 伯克. 伯克毕生发展心理学:第7版[M]. 陈会昌,译. 北京:中国人民大学出版社,2022.

[8] 科恩. 游戏力[M]. 李岩,译. 北京:中信出版集团,2022.

[9] 查普曼. 爱的五种语言[M]. 王云良,陈曦,译. 江西:江西人民出版社,2018.

[10] 都希格. 习惯的力量[M]. 吴奕俊,陈丽丽,曹烨,译. 北京:中信出版集团,2017.

[11] 海特. 象与骑象人：幸福的假设[M]. 李静瑶，译. 浙江：浙江人民出版社，2012.

[12] 萨斯金德. 父母的语言：3000万词汇塑造更强大的学习型大脑[M]. 任忆，译. 北京：机械工业出版社，2021.

[13] 安德烈，勒洛尔. 恰如其分的自尊[M]. 周行，译. 北京：生活·读书·新知三联书店，2015.

[14] 舒尔，迪吉若尼莫. 如何培养孩子的社会能力[M]. 张雪兰，译. 北京：北京联合出版公司，2018.